Esta página ha sido dejada en blanco intencionalmente

Con gran amor fraternal esperando que sea de bendición y refrigerio en tu vida.
De parte de tu hermano en Cristo:

Juan José Bidet
Hch. 20:24

LIBROS DE LA AUTORÍA DE
juan josé binet

Premilenarismo Vs. Amilenarismo:

Un Análisis Histórico, Teológico Y Crítico

ÍNDICE

La razón por la cual fui movido a seleccionar y desarrollar este tema, a pesar de su naturaleza escabrosa y controversial, tiene mucho que ver con mi inclinación y curiosidad hacia los acontecimientos futuros que marcan el fin de la historia de la humanidad, añadido a la emoción de saber que me espera un futuro glorioso de acuerdo a la revelación bíblica. Por otro lado impulsado por la necesidad de conocer la verdad la cual es absoluta y que por consiguiente no contiene error, alteración ni desviación, acepto el reto de escarbar las Escrituras en su búsqueda. Es nuestro deber como estudiantes permanentes de la Palabra de Dios el inquirir e indagar diligentemente la verdad revelada de Dios con la finalidad de aplicar, enseñar y promover el plan de Dios para la humanidad de la manera más acertada posible.

Vale la pena entonces zambullirnos cual buzos en búsqueda de un tesoro en las profundidades de la mar, valiéndonos de un buen equipo de oxígeno (herramientas exegéticas), alcafandras (visión periférica) y traje marítimo impermeable (recursos y fuente bibliográfica) con la finalidad de sondear y discernir la información y datos bíblicos que se refieren al fin de los tiempos e inauguración de la nueva y final era en el océano apocalíptico y escatológico.

Mi anhelo es que sirva este material investigativo como fuente y recurso auxiliar para todo aquel estudiante de las Escrituras que procura no solo nutrirse del manjar didáctico que representa la escatología, pero sobre todo vivir a la luz de estos acontecimientos que están pronto a suceder, viviendo una vida piadosa, devota y alineada con las demandas espirituales y relacionadas con el fin, cual vírgenes sensatas que no son sorprendidas *in fraganti* ante la *parousia* del Novio, con lámparas encendidas con suficiente combustible para velar toda la noche.

CAPÍTULO I

DEFINICIÓN DE TÉRMINOS
(origen etimológico)

<u>Escatología</u>: es la ciencia teológica que trata en particular con los eventos futuros y apocalípticos. El concepto proviene del vocablo griego "eschatos" que se traduce "postrero" y el vocablo "logos" que significa estudio; en otras palabras, el estudio de lo postrero.

Todo el material que hemos de cubrir en este libro está enmarcado dentro de este tratado, la escatología, ya que nos estaremos refiriendo a los eventos del porvenir que mayormente se cubren en el libro del Apocalipsis, aunque haremos por igual referencias a eventos históricos que guardan cierta relación o paralelismo a los eventos futuros como hemos de ver en el libro de Daniel.

<u>Premilenarismo</u>: es el nombre teológico con la que se conoce la doctrina sistematizada y enmarcada alrededor de los eventos futuros que trata sobre los acontecimientos antes del llamado Reino Milenial. El sufijo "pre" indica o significa "antes de" y "milenarismo" o "milenialismo" se refiere al período de mil años descrito en Apocalipsis 20:1-8.

Al hablar de premilenarismo entonces estamos específicamente refiriéndonos a la segunda venida de Cristo en gloria y/o al arrebatamiento de la Iglesia descrito en I Tesalonicenses 4:13-18 y por consiguiente a la conocida como Primera Resurrección (Apoc. 20:5-6) como eventos precedentes a un reino prometido en el que Cristo mismo reinará por mil años literales.

<u>Amilenarismo</u>: Etimológicamente proviene del sufijo "A" que significa "contra" o "sin", y "milenarismo" refiriéndose propiamente al segmento de mil años que nos ocupa. Es la postura escatológica que, de manera general, enseña que el Milenio del que habla Apocalipsis 20:1-10 se refiere al tiempo presente de la iglesia, donde Cristo está reinando en un trono celestial, y que culminará con Su Segunda Venida.

<u>Postmilenarismo</u>: Del sufijo "post" que significa posterior. Esta postura plantea que parte de la enseñanza dominionista *"Restauracionista"* (entiéndase, *Movimiento de la Restauración*), englobado en el Kingdom Now, tiene como base que los eventos del libro de Apocalipsis ya han sucedido, que son historia, y que el Reino de Cristo como Rey sobre la tierra es ahora.

Creen que el Reino es ahora, llamado el Milenio (Ap. 20: 2-4). Por lo tanto, las creencias de este "*movimiento de la Restauración*", que muchos comparten aunque no sepan que se llama así, tienen su naturaleza en la posición POST-MILENIAL.

El postmilenarismo es la creencia de que Jesús estableció Su Reino en el momento de su Ascensión a los cielos (Hch. 1:9), (algunos dicen que en el momento de nacer de María; o en el inicio de su ministerio), y que ahora está reinando de facto a través de Su Iglesia. Entonces, El no volverá hasta que progrese un periodo significativo de gobierno cristiano en este mundo.

Los que así creen, dicen que hay que *cristianizar* todo el mundo, accediendo al gobierno de las naciones y de las instituciones, y trayendo paz y prosperidad a la humanidad. El modismo que emplean comúnmente es el de "*dominar para Cristo*".

<u>Los postmilenaristas creen:</u>

- Que la Iglesia reinará triunfante antes del regreso de Cristo (Reino Ahora).
- Que la Iglesia es el instrumento que Dios está usando para hacer que Cristo venga en gloria, en poder universal y gloria.
- Que la apostasía, la Tribulación, el Anticristo y otros, son eventos pasados.
- Que en todo caso, el Anticristo es un espíritu que se mueve, como dicen ellos, en los

sectores inmovilistas de la Iglesia (contrarios a sus creencias).

- Que la resurrección y el juicio final ocurrirán con la Venida de Cristo en gloria.

Esa es la razón por la cual, muchos esperan que en este tiempo ocurran las cosas que solo ocurrirán a partir de la venida en gloria de Cristo.[1]

Para el Postmilenial, la presente era desembocará en la era del milenio a medida que más personas vayan llegando al evangelio en la historia.

Sin embargo, el Postmilenarismo se aparta de los demás sistemas de interpretación escatológica en sus expectativas futuras para el mundo actual. Mientras las demás posturas afirman que el mundo se mueve hacia el declive moral, social y por supuesto, religióso, el Postmilenarismo afirma que los planes de Dios tienen que ver con una reconstrucción paulatina de todos los aspectos de la existencia humana, a través del Evangelio, hasta llegar a una cristianización del mundo y una era sin precedentes de paz y bienestar mundiales, finalizada la cual, Cristo vendrá por segunda vez, a un mundo generalmente cristianizado, a derrocar definitivamente el mal y el pecado.

Esta interpretación, según ellos mismos, no es simplemente una postura escatológica meramente ni una interpretación del milenio, sino que tiene que ver con la interpretación Bíblica de todas las cosas, de un acercamiento distinto a la vida en esta tierra y en general, una manera distinta de ver la vida y profesión cristiana. Esta idea de que todo se está moviendo paso a paso a una aceptación en general del cristianismo y sus principios, ha dado pie para que puedan calificar las demás posturas escatológicas como *pesimistas* o *derrotistas*, ya que todas entienden que la segunda venida de Cristo será antecedida por elementos en deterioro. [2]

CAPÍTULO II

ESCUELAS DE INTERPRETACIÓN

La única razón por la cual nos vemos precisados a abordar y desarrollar este tema, es precisamente porque existen varias escuelas de interpretación que interpretan de maneras distintas y distanciadas la una de la otra el cuerpo de doctrinas alrededor de la escatología. Nuestra labor sería menos ardua y mucho más cómoda si tan solo leyéramos los pasajes alusivos a los tiempos postreros en las Escrituras y todos estuviésemos de acuerdo con el mensaje y detalles que pretenden comunicar, pero penosamente no es este el caso y como no lo es, nos es menester adentrarnos al pasaje, hacer teología, aplicar la mejor exégesis posible tomando en cuenta el estilo literario, trasfondo cultural, intenciones del autor, propósito ulterior en escribir y aun los destinatarios a quienes les fue dirigida la carta o pergamino, para que con tal acercamiento podamos de la manera más objetiva descifrar los pasajes, interpretar correctamente o lo más cerca a los estándares universales de la ciencia hermenéutica, permitiendo que el texto hable por sí solo y evitando forzarlo para que comunique lo que quisiéramos que comunique de acuerdo a nuestras pre-concepciones, tradiciones o prejuicios.

Toda escuela de interpretación tiene su razón de ser/existir y el hecho de que nos vemos precisados a citarlas en esta obra, significa que han trascendido y que gozan de un gran grado de aceptación entre eruditos, escolares y estudiantes de la Biblia. Es por esto que se hace cada vez más desafiante el defender y sustentar una postura en particular cuando encontramos sólidos argumentos contra ésta y muchos de éstos basados en pruebas científicas, arqueológicas e históricas que le dan mayor credibilidad y que dificultan su ataque y rebatimiento.

Es nuestra intención a este punto tan solo exponer y describir las tales con fines netamente académicos y cognoscitivos. Entre las principales escuelas de interpretación se encuentran:

1. Alegórica (Filo, Clemente de Alejandría, Orígenes).
2. La Escuela de Antioquía: Interpretación histórica/contextual (Diodoro, Juan Crisóstomo, Teodoro) rechazó el enfoque alegórico que solían ser los medios más comunes de interpretación de la iglesia primitiva.
3. Mística (Gnósticos, Mary Baker Eddy, Ellen G. White).
4. Autoritativa/Jerárquica (Iglesias de Roma y de Grecia) San Agustín.
5. Dogmática (Testigos de Jehová, Mormones).
6. Literal (varios evangélicos, el premilenarismo, etc.)
7. Inductivo/Analítico (Francis Bacon) (Movimiento de Restauración).[3]

<u>**Las Escuelas Alegóricas De Interpretación**</u> – Este método de interpretación fue desarrollado entre los griegos que estaban más preocupados por sus propios escritos sagrados que por las sagradas escrituras; no obstante, este método fue adoptado tanto por judíos como por cristianos.

Esta escuela enseña que bajo todo verso de la Escritura (por debajo de lo obvio) se encuentra el verdadero significado del pasaje. Esta escuela aduce que escondido en cada oración o declaración hay un significado spiritual secreto que mucha gente pasa por alto.

La Iglesia Católica Romana todavía sigue hoy el método de alegorización de la Biblia. Por ejemplo: El sacerdocio del Antiguo Testamento todavía se considera válido; el pan y el vino de Melquisedec en el libro del Génesis; el maná en el desierto; el aceite en la dieta de Elías, todos estos son parte de la Misa Católica y constituyen tipos alegóricos.

<u>**Las Escuelas Devocionales de Interpretación**</u> – La interpretación devocional de la Escritura es aquel método aplicado a la Escritura que pone el énfasis en los aspectos edificantes de las Escrituras y su interpretación, con la intención de desarrollar la vida espiritual del individuo.

Este método abogaba por la lectura de las Escrituras como un medio hacia una experiencia mística. El tal fue desarrollado por los místicos y pietistas. El misticismo y el pietismo alegan que la Biblia solo debería ser usada para devoción, oraciones y reuniones de avivamiento, pero que no debería ser estudiada. Las dos debilidades mayores de la interpretación devocional son:

La interpretación devocional por sí sola cae como presa de la alegorización, especialmente en el uso del Antiguo Testamento. Puede que sustituya el ejercicio espiritual y emocional por el verdadero estudio bíblico. Puede que se concentre más en lo emocional que en la verdad.

<u>Las Escuelas Liberales de Interpretación</u> – El liberalismo teológico prevalece mucho hoy día. Los teólogos liberales no aceptan la Biblia como la Palabra de Dios infalible. No creen en la inspiración verbal de las Escrituras. Todos los cristianos fundamentales creen que la Biblia es la Palabra de Dios en su totaldad (II Timoteo 3:16). Para el liberal, la doctrina del pecado, el infierno, Satanás y la depravación del hombre deben ser todas rechazadas por ser muy ofensivas. Muchas otras doctrinas bíblicas básicas son rechazadas como adversas a su inteligencia.

La interpretación liberal tiende a reorganizar las Escrituras y a veces se vandaliza el texto. La teología liberal intenta redefinir "inspiración".

<u>**Las Escuelas Literales de Interpretación**</u> – El método literal de interpretación bíblica ha de aceptar la entrega literal de cada frase a menos que por virtud de la naturaleza de la frase, oración o cláusula dentro de la frase no sea posible.

Por ejemplo, las figuras de dicción o las fábulas basadas en alegorías no admiten ser de interpretación literal. El espíritu de la interpretación literal es que deberíamos estar satisfechos con la interpretación literal de un texto a menos que se puedan ofrecer razones muy sustanciales para avanzar más allá del significado literal.

Las escuelas sirias de Antioquía fueron las primeras escuelas literales de interpretación bíblica. La primera escuela cristiana de literalismo en su hermenéutica floreció en Antioquía. La comunidad cristiana fue influenciada por la comunidad judía lo cual resultó en una teoría hermenéutica que evadió el legalismo de los judíos y la alegorización de los griegos.[4]

CAPÍTULO III

DOCTRINAS RELACIONADAS

- ### LAS 70 SEMANAS DE DANIEL

Las conocidas como las "LXX Semanas de Daniel" provienen de la revelación que el profeta Daniel recibió y de la cual se hace eco en su propio libro registrada en Daniel 9:24-27. A pesar de que las llama "semanas", el mismo contexto revela que se trata de bloques de 7 años literales de modo que la fórmula es $7 + 62 + 1 = 70 \times 7 = 483$ años bíblicos de 360 días.

Lo que hace singular esta revelación es que ofrece una proyección futura específica de eventos los cuales se cumplieron al pie de la letra y por lo tanto es lógico que la porción que aún no se ha cumplido por igual se cumpla tal y como fue predicho. Las 70 semanas se dividen en tres segmentos: 1) Siete semanas, 2) Sesentidos semanas y 3) Otra semana. La revelación indica que las primeras 69 semanas comprenden desde la orden emitida por Artajerjes para restaurar y edificar a Jerusalén (445 AC) hasta la llegada del Mesías (32 DC).

El profeta ofrece detalles alrededor de la septuagésima semana que indican que aún no se ha
cumplido al momento en que escribimos este
párrafo (a menos que se interprete de otro modo
haciéndola preterista) y en base a tales detalles es
que dicha profecía es relacionada con la era pre-
milenial.

La interpretación dispensacional plantea que la
cronología entre la sexagésimo-novena semana y
la septuagésima es interrumpida para dar espacio
a la era eclesiástica a modo de paréntesis y que se
reanudará en el período conocido como la Gran
Tribulación que precisamente tendrá una duración de 7 años. Tal interpretación identifica los e-
ventos relatados en el verso 27 como referencia
al Anticristo que surgirá en dicho período.

RELACION DANIEL - APOCALIPSIS

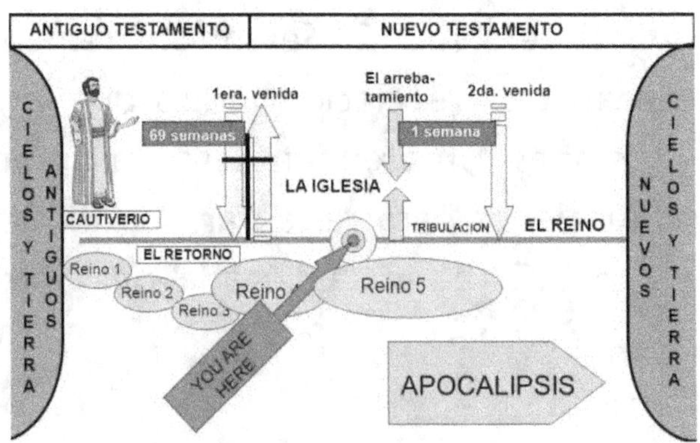

70 semanas

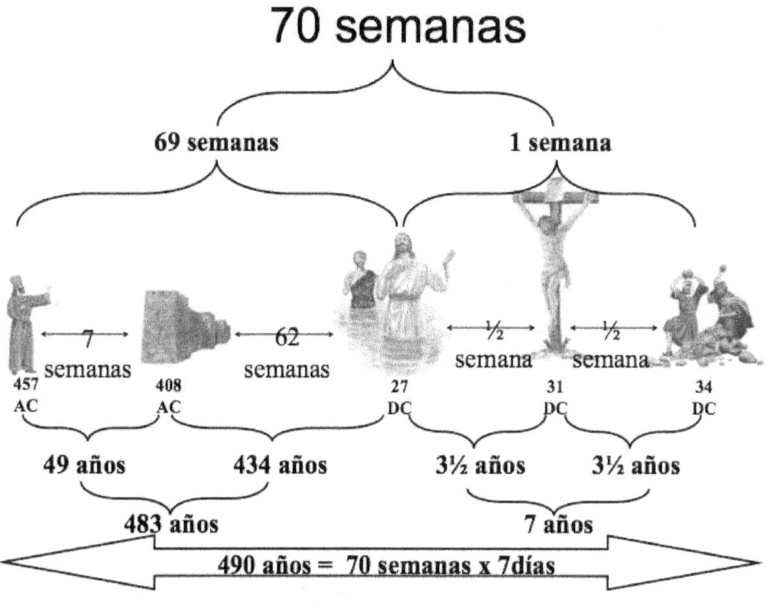

DANIEL 9:24–27: LA PROFECÍA DE LAS SETENTA SEMANAS
Diagrama del Dr. Alva J. McClain
de su libro
Daniel's Prophecy of the Seventy Weeks (La Profecía de Daniel de las Setenta Semanas)

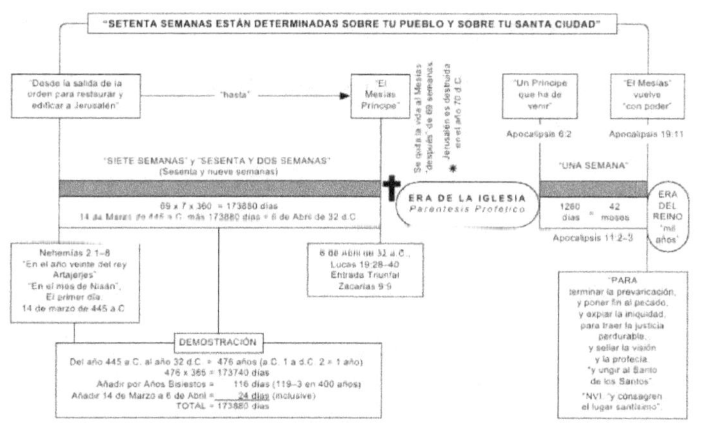

o **ARREBATAMIENTO DE LA IGLESIA**

I Tesalonicenses 4:13-18 nos ofrece un cuadro del "arpadzo" ($\alpha\rho\pi\alpha\gamma\eta\sigma\sigma\mu\epsilon\theta\alpha$) que será el momento cumbre cuando la Iglesia será levantada y trasladada a la Casa del Padre donde Jesús fue a preparar moradas para ella (Juan 14:1-3). Tal magno acontecimiento no puede ser obviado cuando se trata de escatología ya que está estrechamente ligado y es parte intrínseca de los eventos premileniales.

o **SEÑALES & SEGUNDA VENIDA DE CRISTO EN GLORIA**

De igual modo el pasaje en Mateo 24 ofrece detalles específicos sobre el período previo al Reino Milenial y por lo tanto guarda relación con la época pre-milenial que cubrimos en esta obra. En el versículo 14 el mismo Jesús revela que luego de un período tribulación en el que el evangelio se ha de predicar en todo el mundo, vendrá el fin. Entiéndase "fin" no como la destrucción total del mundo como lo conocemos o aniquilación absoluta de la raza humana sino más bien como el inicio de una era cataclísmica que inaugura el final de los tiempos para dar paso a una nueva era escatológica-apocalíptica de la cual nos ofrece detalles en los versos subsiguientes.

- ○ **LA GRAN TRIBULACIÓN**

Es el período al cual se refiere el profeta Daniel, al cual se refiere Jesús en Mateo 24, específicamente en el verso 21 cuando declara: *"porque habrá entonces gran tribulación, cual no la ha habido desde el principio del mundo hasta ahora, ni la habrá."* y de la que se hace eco el apóstol Juan. (Cf. Daniel 9:25, 27; 11:31, 12:1, 11; Apoc. 7:14).

Calculamos y concluimos que se tratará de un período de unos siete años de duración cuando nos apoyamos en textos que parecen sugerir que se dividirá en dos mitades de 3½ años cada una. Daniel habla de "mil doscientos noventa días" (3½ años) en 12:11 y le llama "tiempo, tiempos, y la mitad de un tiempo" (1 + 2 + ½ = 3½) en 7:25 y 12:7 y que es constatado por Juan en 12:14 de su Apocalipsis quien de manera similar habla de "mil doscientos sesenta días" en 11:3 y nuevamente en 12:6. Deducimos basados en esta fórmula matemática que solo se hace énfasis en estos 3½ años porque la primera mitad será de tensa o ficticia paz donde aún los tiempos angustiosos (Dan. 9:25) no habrán golpeado la tierra y que no será hasta la mitad de tal período cuando recrudecerán de acuerdo a Pablo en Ira. Tesalonicenses 5: 3.

La Gran Tribulación a la cual hacemos referencia es mayormente descrita en el capítulo 24 de San Mateo. A este pasaje se le adscriben principalmente tres interpretaciones básicas ortodoxas: la preterista, la historicista y la futurista. También están las interpretaciones heterodoxas como la liberal (Rudolf Bultman, Beltran Russell) o la hiperpreterista (J. Stuart Russell).

Hay amilenaristas (tendencia historicista) que interpretan que este pasaje significa que la tribulación de los judíos del año 70 DC de la que se habla en los versos anteriores no se limitó a ser destruidos como ciudad sino a ser esparcidos y despreciados a través de la historia (antisemitismo medieval, el holocausto, etc.) y sigue hasta nuestros días por la constante oposición árabe y que ésta terminará solo en la segunda venida, algunas veces relacionado con el fin del "periodo de los gentiles" (cf. Lucas 21:24, Romanos 11). Entre estos están D.A. Carson y Sam Waldron.

Los denominados preteristas interpretan que se refiere a la venida espiritual en juicio de Cristo en el año 70 DC y no a la segunda venida. Afirman que el pasaje habla de "la señal" de Cristo no de la "segunda venida". Lo del Hijo del hombre "viniendo en las nubes" se refiere no al descenso a la Tierra sino a la entronación en el cielo (cf. Daniel 7:13-14, Mateo 26:64). Lo del sol, la luna y la estrellas son elementos metafóricos del AT para representar la caída de los imperios o disturbios políticos y no eventos astronómicos espectaculares (Isaías 13:9-11; Ezequiel 32:7-8). Las tribus de la Tierra no son los países del mundo sino las tribus de la "tierra" de Israel. (cf. Zacarías 12:10-14). Entre los sustentantes amileniales de esta postura están Sam Storms, Jay Adams y R.C. Sproul.[5]

El Anticristo & El Falso Profeta

Dos figuras protagónicas que se convertirán en centro de atracción y sobre los cuales girará el desarrollo de la Gran Tribulación lo serán el llamado Anticristo, conocido también como la Bestia (Apoc. 13) y el Falso Profeta que será una especie de protegé y representante diplomático del primero (Apoc. 16:13; 19:20; 20:10). Éstos, junto a la influencia y agenda del mismo Satanás, se compondrán a una para imponer de manera déspota su poder y dominio sobre las naciones, exigiendo sometimiento absoluto y culto obligatorio usurpando al Mesías.

- ### EL TRIBUNAL DE CRISTO

  Esta revelación llega a nosotros por medio del apóstol Pablo. Es el único escritor novotestamentario que se refiere a tal evento (Romanos 14:10; II Corintios 5:10). Debido a su intrínseca naturaleza y detalles ofrecidos por el apóstol, aunque parcos, es necesario colocarlo en la agenda escatológica futura. Pablo enfatiza que todo creyente ha de rendir cuentas de sus actos "mientras estaba en el cuerpo"; en otras palabras, el Tribunal de Cristo se efectuará cuando estemos revestidos de cuerpos inmortales y transformados y por ende tendrá lugar cuando seamos resucitados en el programa futuro de Dios y no antes. Esto obliga a todo estudiante bíblico a ubicar este magno evento en un espacio y lugar específico como parte de la agenda de Dios para con Sus santos glorificados.

- ### JUICIO DEL GRAN TRONO BLANCO

  A diferencia del Tribunal de Cristo, será éste en otra tribuna donde solo los impíos, los que rechazaron al Mesías, los que no se arrepintieron de sus pecados e hicieron caso omiso al llamado al arrepentimiento para salvación, comparecerán para ser juzgados y sentenciados irremisiblemente al lago que arde con fuego y azufre (Ap. 20:11-

15). En este juicio final no habrá manera ni posibilidad de que alguno sea hallado inocente y que por lo tanto califique para inmediata absolución. No habrá indultos de ningún tipo ni recurso *habeas corpus* que pueda ser interpuesto a favor de los acusados. Será el momento donde la máxima expresión de justicia de parte del Justo Juez saldrá a relucir quien dirigiéndose al banquillo de los acusados, con irrefutable evidencia más allá de la duda razonable que exige un veredicto, frente a la gran nube de testigos redimidos, dictaminará y conmutará sentencia enviando al calabozo eterno en cadena perpetua a los malvados que en actitud de contumacia y obstinación blasfemaron y culparon a Dios de su miserable condición pecaminosa.

o **NUEVA JERUSALÉN**

El libro de Apocalipsis relata y nos ofrece detalles sobre la Nueva Jerusalén. Se trata de una descripción emocionante de una "ciudad flotan-te" que forma parte del paquete escatológico y a la cual tendremos acceso como creyentes redimidos con cuerpos transformados. Dicha ciudad es primeramente mencionada en Apocalipsis 3:12 y sus detalles solo son citados en Apocalipsis 21:1-27. Se la describe como una ciudad que desciende del cielo (de allí lo de flotante) y que se destaca por sus medidas específicas y sus 12 puertas de perlas.

1. Su nombre oficial es "la gran ciudad santa de Jerusalén" (vs. 10)
2. Estará suspendida entre el cielo y la tierra
3. Brillante, fulgurosa, destellante (vs. 11)
4. Doce puertas veladas por 12 ángeles con los 12 nombres de las tribus de Israel.
5. Tres puertas en cada punto cardinal
6. Consta de 12 columnas con los nombres de los 12 apóstoles.
7. La ciudad es cuadrada (vs. 16) Mide 2,160 Km. (1,350 millas) en medida tridimensional. (vs. 16)
8. El muro mide 65 metros de altura que sugiere ser el tamaño normal o promedio de un ángel (vs. 17) y es de jaspe.
9. La ciudad es de oro cristalino (vs. 18)
10. Las columnas del muro están adornadas cada una con una piedra diferente.
11. Las doce puertas son un solo bloque de perla. (vs. 21)
12. No hay necesidad de templo. (vs. 22)
13. La gloria de Dios la ilumina y no es necesario luz exterior.
14. Las naciones que sobrevivieron la última batalla y no se alinearon con el Dragón podrán acceder a ella. (vs. 24)
15. No habrá noche. Sus puertas nunca serán cerradas.

16. No habrá manera de que entre nada inmundo porque el Infierno no tendrá acceso a ella, sólo los que están inscritos en el Libro de la Vida del Cordero. (vs. 27)

No es posible cubrir los detalles principales del programa escatológico y eternidad futura pasando por alto e ignorando esta nueva ciudad ya que forma parte intrínseca y se añade a las glorias venideras y bendiciones que hemos de disfrutar como creyentes. A pesar de que el Apocalipsis es un libro altamente simbólico, no tengo la menor duda de que se trata de una ciudad literal, magnífica, colosal e imponente. Será una especie de monumento arquitectónico conmemorativo y a su vez recordatorio por la eternidad del Dios hecho carne y habitando entre nosotros (Emanuel) y nosotros con Él.

o **CIELOS NUEVOS & TIERRA NUEVA**
El apóstol Pablo nos recuerda en Romanos 8:19-22 que la creación espera ansiosamente su restauración dado su evidente deterioro como resultado de la maldad creciente, al punto de que la misma tierra se resiste de algún modo al cultivo y la cosecha abundante por el abuso ambiental que provoca los drásticos cambios climáticos. Las Escrituras nos alientan y nos ofrecen la esperanza de

una tierra nueva y cielos nuevos (II Pedro 3:5-13; Apoc. 21:1) donde nuevamente podremos disfrutar a plenitud de una creación perfecta como parte de nuestra participación eterna en la era venidera.

> Rapto, la Tribulación, la Segunda Venida, El Reino, El Juicio Final, El Nuevo Cielo y la Tierra Nueva: esa es la cronología, que es el *ordo eschaton*. Y si usted sigue el libro de Apocalipsis, esa es exactamente la forma en que está expuesta. Es precisamente la forma en que fluye. Usted ve la iglesia en la tierra en los capítulos 2 y 3, los cuales describen la era de la iglesia actual, inmediatamente usted llega al capítulo 4 y ve a la iglesia en el cielo, lo cual es indicativo del hecho de que estaban en la tierra, ahora está en el cielo aunque no se describe el rapto, es descrito en otros lugares, está claro que eso es lo que sucedió. Y después de ver la iglesia que se reúne en el cielo en los capítulos 4 y 5, en el capítulo 6 los juicios sobre la tierra comienzan como al tener lugar la Gran Tribulación. Al final de eso, el Señor Jesús en el capítulo 19, establece Su reino después de su regreso en el capítulo 20, a continuación, llama a todos los pecadores al juicio final del Gran Trono Blanco. Luego en el capítulo 21, establece el Nuevo Cielo y la Nueva Tierra. Realmente no es tan difícil, solo tómelo a su valor nominal.[6]

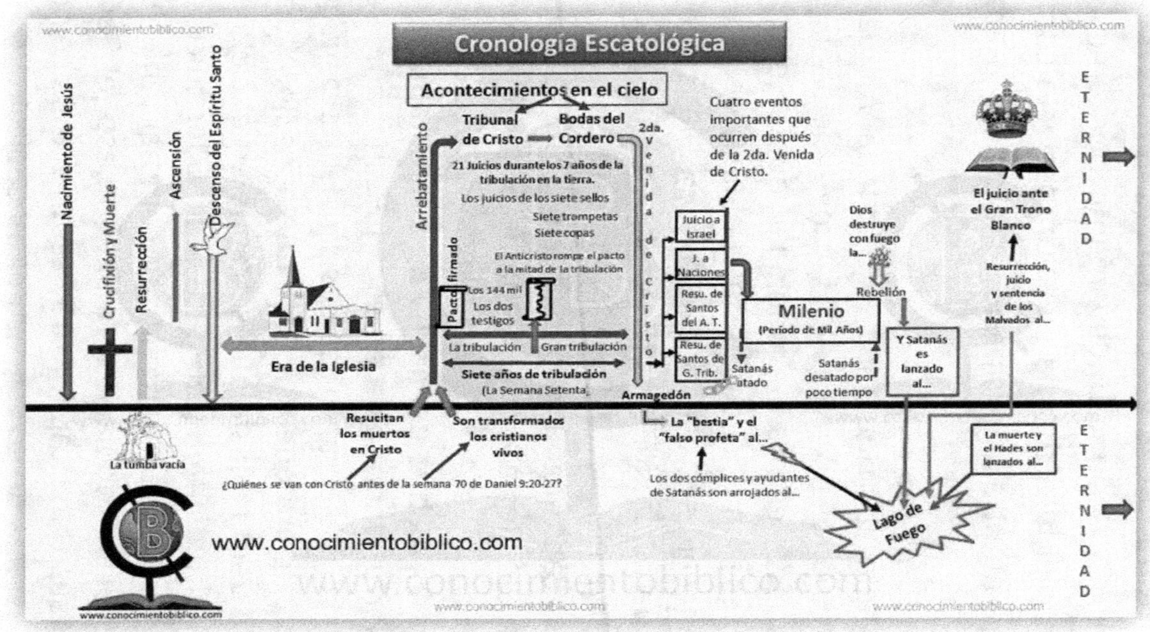

Cronología Escatológica
Acontecimientos en el cielo
Tribunal de Cristo
Bodas del Cordero
Cuatro eventos importantes que ocurren después de la 2da. Venida de Cristo.
21 Juicios durante los 7 años de la tribulación en la tierra.
Los juicios de los siete sellos
Siete trompetas
Siete copas
El Anticristo rompe el pacto a la mitad de la tribulación
Los 144 mil
Los dos testigos
La tribulación
Gran tribulación
Siete años de tribulación
(La Semana Setenta)
Arrebatamiento
Pacto firmado
Era de la Iglesia
2da. venida de Cristo
Juicio a Israel
J. a Naciones
Resu. de Santos del A. T.
Resu. de Santos de G. Trib.
Armagedón
Milenio
(Período de Mil Años)
Satanás atado
Satanás desatado por poco tiempo
Rebelión
Dios destruye con fuego la...
Y Satanás es lanzado al...
El juicio ante el Gran Trono Blanco
Resurrección, juicio y sentencia de los Malvados al...
La muerte y el Hades son lanzados al...
Lago de Fuego
ETERNIDAD
ETERNIDAD
Nacimiento de Jesús
Crucifixión y Muerte
Resurrección
Ascensión
Descenso del Espíritu Santo
La tumba vacía
Resucitan los muertos en Cristo
Son transformados los cristianos vivos
¿Quiénes se van con Cristo antes de la semana 70 de Daniel 9:20-27?
La "bestia" y el "falso profeta" al...
Los dos cómplices y ayudantes de Satanás son arrojados al...
www.conocimientobiblico.com

CAPÍTULO IV

TRASFONDO HISTÓRICO DEL PREMILENARISMO

Al premilenarismo también se lo conoce histórica-
mente como quiliasmo (Gr. χιλια—Kilia) y más
propiamente como milenarismo. El término "premilenarismo" no era manejado sino hasta mediados del
siglo XIX; hasta ese momento sólo se lo conocía
como milenarismo que fue el término acuñado por
los primeros padres de la Iglesia. Sobre esto dice
Phillip Schaff en su libro Historia de la Iglesia Cristiana lo siguiente:

> *"El punto más impactante en la escatolo-
> gía de la edad pre-nicena es el promi-
> nente quiliasmo, que es la creencia en
> un reino visible del Cristo glorificado
> sobre la tierra con los santos resucita-
> dos por un período de mil años y antes
> de la resurrección general y juicio
> final. Ciertamente no era la doctrina de
> la iglesia plasmada en algún credo o
> forma de devoción pero sí la amplia
> opinión de distinguidos eruditos como
> Bernabé, Papías, Justino Martir, Ireneo,
> Tertuliano, Metodio y Lactancio, mien-
> tras que Cayo, Orígenes, Dionisio Magno,
> Eusebio (y más adelante Jerónimo y
> Agustín) se opusieron a ello."*

Existe literatura judía temprana que alude a un reino mesiánico temporal previo al estado eterno entre la cual se encuentra IV Esdras 12:34, II Baruc 24:1-4; 30:1-5; 39:3-8; 40:1-4; Jubileos 1:4-29 y 23:14-31. La creencia judía en una era mesiánica terrenal transitoria continuó expandiéndose durante y más allá del tiempo de la redacción del libro del Apocalipsis.

Justino Martir en el Siglo II fue uno de los primeros escritores cristianos que declaró concordar con la creencia judía de un reino mesiánico temporal previo al estado eterno. De acuerdo a Johannes Quasten, "En sus ideas escatológicas Justino comparte los puntos de vista de los quiliastas respecto al milenio". Él insiste en un distintivo premilenial, a saber, que habrá dos resurrecciones, una de los creyentes antes del reino de Cristo y luego una resurrección general más adelante. Justino escribió en el capítulo 80 de su obra Diálogo con Trifo, "Yo y otros cristianos en nuestros justos juicios estamos convencidos de que habrá una resurrección de muertos, y un bloque de mil años en Jerusalén que luego será erigido... porque Isaías habló en esos términos respecto a este período de mil años."

Ireneo (130-202), el otrora Obispo de Lyon en el siglo II, fue un premilenarista declarado. Es mejor conocido por sus tomos voluminosos escritos contra la amenaza gnóstica del segundo siglo comúnmente conocido como Contra Las Herejías. En el quinto libro Contra Las Herejías, Ireneo se concentra primordialmente en escatología. En un pasaje él defiende el premilenarismo al argüir que un futuro reino terrenal era necesario por causa de la promesa de Dios a Abraham. En otra porción Ireneo también explica que la bendición a Jacob "pertenece incuestionablemente a los tiempos del reino cuando los justos llevarán espada luego de levantarse de entre los muertos".

Muchos de estos teólogos y otros de la iglesia primitiva expresaron su creencia en el premilenarismo por medio a su aceptación de la tradición sexta-septimilenial. Esta postura aduce que la historia humana continuará por 6000 años y luego disfrutará de un sabático de 1000 años (el reino milenial), de ese modo toda la historia humana consistirá de un total de 7000 años previo a la nueva creación.

CAPÍTULO V

VARIANTES DEL PREMILENARISMO

El Premilenarismo tiene sus marcados aspectos y variaciones y por causa de ello nos vemos precisados a distinguir el Premilenarismo Histórico (o Clásico) del Premilenarismo Dispensacional. A continuación describimos los rasgos característicos más relevantes de cada cual.

El premilenarismo es una alternativa tanto al post-milenarismo (que enseña que la segunda venida de Cristo ocurrirá luego de un período de mil años de justicia) como al amilenarismo (que enseña que el período de mil años no debe ser tomado literalmente, sino que se trata de la edad mesiánica/eclesiástica actual). Esta postura teológica se desprende primordialmente de Apocalipsis 20 pero concomitantemente vinculada a las promesas de reino futuro tanto en el A.T. como en las palabras de Jesús (Hechos 1:6-7)

RASGOS DESCRIPTIVOS DEL PREMILENARISMO HISTÓRICO:

1. La era del Nuevo Testamento es la fase inicial del Reino de Cristo, tal y como lo profetizaron los profetas del Antiguo Testamento.

2. La Iglesia novotestamentaria puede que ocasionalmente libre batallas al través de la historia pero a la postre no tendrá éxito en su misión de discipular a todas las naciones, que perderán influencia y se corromperán a medida que la maldad crezca mundialmente hacia el fin de la era de la Iglesia.

3. La Iglesia atravesará un tiempo de prueba futuro, mundial y sin precedentes. A éste se le conoce como la Gran Tribulación – la cual marcará el cierre de la historia contemporánea. Los premilenaristas históricos son postribulacionistas.

4. Cristo ha de retornar al final de la Tribulación para arrebatar la Iglesia, resucitar a los santos fallecidos y juicio de los justos en un "abrir y cerrar de ojos."

5. Cristo luego descenderá a la tierra con Sus santos glorificados, peleará la batalla del Armagedón, atará a Satanás y establecerá un reino político mundial que será personalmente administrado por Él por 1,000 años desde Jerusalén.

6. Al final del Milenio (Apoc. 20:3-8), Satanás será absuelto y se materializará una rebelión masiva contra Cristo, Su reino y Sus santos.

7. Dios interviene con juicio feroz para rescatar a Cristo y a Sus santos. La resurrección y juicio de los malvados ocurrirá y comienza el estado eterno.

El Premilenarismo Histórico o Clásico es distintivamente no dispensacional. Esto significa que no ve distinción teológica radical entre Israel y la Iglesia. A menudo se perfila como postribulacional lo cual significa que el arrebatamiento de la iglesia ocurrirá luego de un período de tribulación. El premilenarismo histórico se adhiere al Quiliasmo por causa de su enfoque de que la Iglesia será arrebatada para recibir a Jesús en el aire y de inmediato escoltarlo a la tierra a fin de establecer su gobierno de mil años literales. Entre los proponentes de esta postura se encuentran Charles H. Spurgeon y George Eldon Ladd.

RASGOS DESCRIPTIVOS DEL PREMILENARISMO DISPENSACIONAL:

1. El Reino Davídico, un reino político terrenal, fue ofrecido por Cristo en el primer siglo. Fue rechazado por los judíos y desde entonces se pospuso hasta el futuro.

2. La era de la Iglesia es una era totalmente imprevista y distinta en el plan de Dios. Fue en su todo desconocida e inesperada por los profetas del A.T. – una especie de "paréntesis."

3. Dios tiene un programa distinto y plan separado para el Israel étnico que se distingue del plan para la Iglesia. La Iglesia de Jesucristo es un paréntesis en el plan original de Dios.

4. La Iglesia podría experimentar ocasionalmente éxitos a pequeñas escalas pero finalmente perderá influencia, fallará en su misión y se corromperá mientras la maldad mundial se intensifica hacia el final de la Era de la Iglesia.

5. Cristo volverá secretamente (una 2da. Venida) en las nubes para arrebatar a los santos que viven y resucitar los cuerpos de los santos fallecidos (la 1ra. Resurrección). Éstos serán removidos del mundo antes de la Gran Tribulación. El juicio de los santos se cumplirá en los cielos durante el período de 7 años de Gran Tribulación antes de que Cristo retorne corporalmente a la tierra.

6. A la conclusión de los 7 años de Gran Tribulación, Cristo volverá visiblemente con Sus santos a la tierra (una 3ra. Venida) a fin de

establecer y personalmente administrar un reino político judío con sede en Jerusalén por 1,000 años. Durante este tiempo, Satanás será atado y el templo y el sistema sacrificial será restablecido en Jerusalén como un memorial. Es en este tiempo cuando Dios cumple Sus promesas hechas a los judíos.

7. Hacia el final del Reino Milenial, Satanás será desatado y Cristo será rodeado y atacado en Jerusalén.

8. Cristo invocará fuego del cielo para destruir a Sus enemigos. La resurrección (la 2$^{da.}$ Resurrección) y el juicio de los impíos ocurrirá para dar inicio al estado eterno.

9. Para los dispensacionalistas hay 2 pueblos de Dios distintos: a) Los Judíos, b) La Iglesia – que está compuesta tanto por judíos como gentiles.

VARIACIONES DENTRO DEL PREMILENARISMO DISPENSACIONAL:

1. La mayoría de los dispensacionalistas creen que la venida/rapto secreto de Jesús acontecerá antes de la Gran Tribulación. A esto se le llama Pretribulacionismo.
2. Algunos dispensacionalistas creen que el rapto acontecerá 3½ años del inicio de la Gran

Tribulación. A esto se lo conoce como Mid-tribulacionismo.

3. Algunos dispensacionalistas creen que el arrebatamiento ocurre al final de la Gran Tribulación. A esto se le conoce como Postribulacionismo.

4. Hay premilenaristas que creen que Dios tiene un solo pueblo (el olivo en Romanos 11).

TEXTOS CLAVES:
- Arrebatamiento/Rapto: (Juan 14:1-3; 1ra Cor. 15:51-57; 1ra Tes. 4:13-18)
- Gran Tribulación (Daniel 9:24-27; Apoc. 3:10; 6:16; 11:2-3; Mat. 24; Ezeq. 38-39; 2da Tes 2:4)
- Milenio (Apoc. 20-21; Isaías 2; 11:9-14; 65:20; Dan. 7:14)
- Juicio de las obras de los creyentes (1ra. Corintios 3:11-15)
- Juicio de los gentiles que sobreviven a la Tribulación (Mateo 25:31-46; Joel 3:2)
- Juicio de los judíos que sobreviven a la Tribulación (Ezeq. 20:34-38; Mateo 25:14-30)
- El Juicio del Gran Trono Blanco – inconversos muertos (Apoc. 20:11-15)
- Resurrección antes de la tribulación (1ra. Tes. 4:16)
- Resurrección después de la tribulación pero antes del milenio (Apoc. 20:4)

- Resurrección de los injustos después del milenio (Apoc. 20:11-15)

El Premilenarismo Dispensacional comenzó alrededor del 1830 (John Nelson Darby). Esta postura ha sido popularizada por las notas y referencias bíblicas de la Biblia Scofield, Hal Lindsey, Dave Hunt y la Serie "Left Behind". Adheridos de la Iglesia Primitiva: Ninguno. Adheridos de la iglesia moderna: Gleason Archer, Donald Barnhouse, Lewis Sperry Chafer, John Nelson Darby, Norman Geisler, A.C. Gaebelein, Walter Kaiser, Henry Ironside, Dwight Pentecost, Robert Lightner, Charles Ryrie, C.I. Scofield, John Walvoord, Tim LaHaye y Warren Wiersbe.

En El Cielo
Los Redimidos Asisten
en el Juicio de los Impíos

El Milenio
1,000 Años Entre Resurrecciones

Primera Resurrección
1. Fin de las Últimas Siete Plagas
2. La Segunda Venida de Cristo
3. Justos Muertos Son Resucitados
4. Impíos Perecen / Satanás Atado
5. Justos Suben al Cielo

Segunda Resurrección
1. Cristo y Santos Bajan a la Tierra
2. La Ciudad Santa Baja a la Tierra
3. Impíos Muertos Resucitan
4. Satanás Soltado
5. Impíos Destruidos

Sobre la Tierra
Satanás tiene tiempo para pensar
lo que ha hecho. Los impíos están
muertos. El tiempo de su prueba ha pasado.

Fin del mundo

Tierra Nueva

Comparación de los Puntos de Vista del Milenio

	Premilenarismo Dispensacional	Premilenarismo Histórico	Amilenarismo	Postmilenarismo
¿Es el estado moderno de Israel relevante a las profecías en Apocalipsis?	Sí	No	No	No
¿Cuándo este punto de vista fue sostenido?	Se hizo popular alrededor de 1860. Ha aumentado en la popularidad.	Es el punto de vista más temprano del tiempo del fin, surge al final de primer siglo.	Popularizado en el 400 DC. Su origen se atribuye a San Agustín. Sigue siendo aceptado hoy, domina en la iglesia católica, griega y una gran parte del protestantismo. Defensores Lutero y Calvino.	Puede haber sido popular tan temprano como en el 300 DC. Es el menos popular hoy.

CAPÍTULO VI

APOLOGÍA DESDE UNA PERSPECTIVA EXEGÉTICA

Todo aquel que no se identifica o rechaza el Premilenarismo Histórico o Dispensacional necesita presentar su argumentación y base por la cual se identifica con el Amilenarismo o el Postmilenarismo, pero sobre todo le es necesario probar lo siguiente:

1. Que hay una recapitulación entre los capítulos 19 y 20 de Apocalipsis, cuando no hay ninguna evidencia de ello en el texto.
2. Que los mil años (milenio) tienen lugar antes de la 2 $^{da.}$ Venida de Cristo, cuando la cronología del pasaje claramente presenta al milenio como algo posterior.
3. Que el "Abismo" en ese pasaje no es el "Abismo" del que habla el resto de la Biblia, sino un abismo diferente, espiritual, que realmente no es un abismo.
4. Que Satanás puede engañar a las naciones durante el milenio, cuando el pasaje dice que no puede.
5. Que los mil años no son mil, sino que son más de dos mil años.
6. Que los mártires que dice que "vivieron" en Apocalipsis 20:4 no llegaron a vivir físicamente sino espiritualmente.
7. Que la 1 $^{ra.}$ Resurrección no es una resurrección literal.

8. Que el reinado de los santos juntamente con Cristo no es un reinado literal en la tierra, sino un reinado espiritual en el cielo, con almas sin cuerpo, cuando el pasaje claramente no habla del cielo sino de lo que está pasando en la tierra.[7]

El amilenarismo y el postmilenarismo levantan varias incógnitas que solo pueden ser resueltas si el método que aplican para la interpretación distinta de estos pasajes no es el método gramático-histórico-literal-contextual. Es por eso que a través de la historia de la Iglesia los padres primitivos se suscribían unánimemente al premilenarismo: Papías (discípulo del apóstol Juan), Justino Mártir, Tertuliano, Ireneo de Lyon, los padres de la iglesia temprana, todos fueron premilenaristas. También la han sostenido algunos puritanos de los que redactaron la confesión de fe de Westminster, incluyendo Jeremiah Burroughs que fue de los que presidió esa asamblea. También J. C. Ryle, Spurgeon, Dr. John Piper y el Dr. John MacArthur.

CAPÍTULO VII

TRASFONDO HISTÓRICO DEL AMILENARISMO

I-La Iglesia Primitiva Post-Apostólica y Medieval

Entendemos que hubo dos corrientes preponderantes en la iglesia de los Siglos II, III y parte del IV. Una aceptaba la existencia de un milenio literal futuro, (una especie de premilenarismo temprano) y otra que no reconocía esta enseñanza (asociado con una especie temprana de Amilenarismo). La enseñanza del rapto pretribulacional parece haber tenido su origen en el siglo XVIII, y se hizo parte de la versión dispensacionalista del premilenarismo del siglo XIX.

Los amilenaristas siempre han reconocido la antigüedad de cierta forma de Premilenarismo Histórico (Papías, Justino, Tertuliano, Ireneo, etc.). Pero no es cierto que el Amilenarismo era casi inexistente hasta la época de Constantino o de Agustín, como a veces se quiere dejar ver. Algunos de los padres de la Iglesia que están asociados más con esta forma temprana de Amilenarismo son los siguientes: Clemente de Alejandría (150-215), Orígenes, (182-254), Hipólito (170-236), Cipriano (¿?-258), Dionisio, (¿?-264), Cayo (A principio del siglo III),

Atanasio (296-373), Ambrosio (337-397), Cirilo (313-386), Tyconio (330-390), etc.

El mismo Justino Mártir, que sostuvo una forma muy temprana de premilenarismo histórico, en su "Diálogo con Tifón", escribió lo siguiente alrededor del 160 d.C.:

"Ya antes, pues, te he confesado que yo y otros muchos sentimos de esta manera, y creemos que así ha de suceder (un reino milenial futuro), como tú ciertamente sabes; pero, por otra parte, **también te he indicado que hay muchos cristianos de fe pura y piadosa, que piensan de otro modo**…Yo, por mi parte, y **sí hay algunos otros cristianos** de recto sentir en todo, no sólo admitimos la futura resurrección de la carne, sino también mil años en Jerusalén, reconstruida, hermoseada y dilatada…"[8]

Justino reconoce que "muchos" no tenían esa creencia de un milenio futuro, y que eran "algunos otros cristianos" que sí creían en dicho milenio. A partir de Constantino, en el siglo IV, las expectativas escatológicas de la iglesia se apartaron mucho del Premilenarismo de algunos de los padres de la iglesia de los siglos anteriores, pero el enfoque optimista y triunfalista la llevó a una especie de Postmilenarismo temprano, al convertirse el cristianismo en la religión principal del Imperio Romano. Sin embargo, con San Agustín (354-430), prevaleció de nuevo el Amilenarismo a partir del siglo V, llamándole algu-nos "el padre del Amilenarismo".

Sin embargo, el concepto amilenarista de San Agustín, aunque fue la postura más prevaleciente durante la Edad Media, tomaría una versión distorsionada, con el concepto de la "Cristiandad" desarrollado en muchos países de Europa, y en la que se confundía la distinción entre el reino de Dios y los reinos terrenales y temporales.

II-El Periodo de la Reforma

Con la llegada de la Reforma en el siglo XVI, sus líderes (Lutero, Calvino, Zwinglio, etc.) mantuvieron el esquema amilenarista, aunque rechazando en gran medida el concepto de la "Cristiandad" mencionado anteriormente, y rechazando igualmente las ideas milenarias sostenidas por grupos anabaptistas. Lamentablemente, como bien apunta el teólogo Michael Horton: *"Esa práctica no fue siempre consistente con la teoría en la Reforma..."*[9]

En la Confesión de Fe de Augsburgo se recoge la enseñanza de Lutero acerca de este tema, que fue la norma entre los líderes de la Reforma. En el Artículo 17 se condena, entre otras cosas, *"...a otros que ahora difunden ciertas opiniones judías, de que antes de la resurrección de los muertos los piadosos tomarán posesión del reino del mundo, habiéndose suprimido en todas partes a los impíos".*

III-El Periodo posterior a la Reforma

A finales del siglo XVI, muchos protestantes interpretaron de forma escatológica eventos como la destrucción de la armada española en el 1588, lo que derivó en un resurgir del Postmilenarismo. Es así como, para los siglos XVII, XVIII y siglo XIX, coexistieron entonces tres escuelas escatológicas en vez de dos: el Postmilenarismo (tal vez el más popular en ese momento), el Amilenarismo y el Premilenarismo clásico o histórico.

A principios del siglo XX, sin embargo, y sobre todo después de la Primera Guerra Mundial, donde se esfumó todo incentivo optimista, prevaleció en la Iglesia Protestante el Premilenarismo Dispensacional, que había sido desarrollado por John Nelson Derby a mediados del siglo XIX. Fue tan popular dicha escuela que las demás escuelas históricas (Amilenarismo, Postmilenarismo, e incluso el Premilenarismo Histórico), pasaron a ser desconocidos para la gran mayoría de los cristianos de las primeras décadas del siglo XX.

Sin embargo, con el resurgimiento de la teología reformada en general, en la segunda mitad del siglo XX, a través de hombres como Arthur Pink, Martyn Lloyd-Jones, etc., vino un nuevo interés por las escuelas escatológicas diferentes al Dispensacionalismo. Y aunque tanto el premilenarismo histórico como el postmilenarismo han sido parte de dicha teología reformada, posiblemente la más popular entre aquellos que se denominan "reformados" es el amilenarismo.

Es difícil saber exactamente cuándo comenzó a usarse el término amilenarismo. Richard Gaffin (amilenarista) cree que algunos que se hacían llamar postmilenaristas (antes del 1940) serían ahora mejor descritos como amilenaristas.

Algunos de los pertenecientes a la iglesia primitiva que fueron amilenaristas fueron: Hermas (1er. Siglo), Policarpo (69-105), Clemente de Roma (30-100) e Ignacio (murió en el 107). Algunos adheridos de la iglesia moderna incluyen a: Jay Adams, Herman Bavinck, Louis Berkhof, Richard Gaffin, John Gerstner, G.C. Berkhouwer, William Cox, William Hendricksen, Anthony Hoekema, Michael Horton, Philip Hughes, Dennis Johnson, Abraham Kuyper, R.C.H. Lenski, Vern Poythress, Herman Ridderbos, Kim

Riddlebarger, Geerhardus Vos, E.J. Young, and Bruce Waltke.

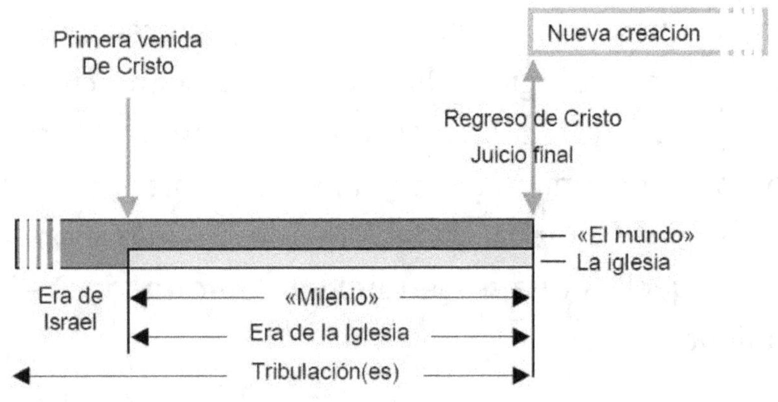

RASGOS DESCRIPTIVOS DEL AMILENARISMO:

1. La era de la Iglesia es la era del reino (milenio) profetizada en el A.T. – comenzó en la ascensión de Cristo y termina en Su segunda venida. El pueblo de Dios se expande desde el Israel del A.T. a la Iglesia del N.T. – el Israel de Dios (Gál. 6:6).

2. Satanás está atado durante el ministerio terrenal de Cristo en Su primera venida. Su atadura le previene de obstaculizar totalmente la proclamación del evangelio al engañar a las naciones – tal y como lo hizo antes de la venida de Cristo. Esto permite la conversión de un gran número de pecadores a Cristo y asegura cierto impedimento sobre el mal.

3. Cristo ahora reina espiritualmente en los corazones de los creyentes. Habrá influencias ocasionales pero breves del cristianismo en la cultura, donde los creyentes vivirán las implicaciones de su fe. Aun así esta era es también un período de sufrimiento y persecución de la Iglesia.

4. Algunos amilenaristas creen que la historia gradualmente empeorará a medida que el crecimiento de la maldad se acelere hacia el fin. Esto culminará en la Gran Tribulación con el surgimiento de una Anticristo personal.

5. Cristo retornará para cerrar la historia, resucitar y juzgar a todos los hombres y establecer un orden eterno. El destino eterno de los redimidos puede que sea en el cielo o una nueva tierra totalmente renovada. Hay un solo y singular juicio final.

Postmilenarismo

Precursores del postmilenarismo en la iglesia primitiva incluyen a: Eusebio (260-340), Atanasio (296-372) y Agustín (354-430). Adheridos al postmilenarismo en la iglesia moderna incluyen a: J.A. Alexander O.T. Allis, Greg Bahnsen, Albert Barnes, Loraine Boettner, Roderick Campbell, Robert Dabney, John Jefferson Davis, Charles Hodge, A.A. Hodge, B.B. Warfield, J. Marcellus Kik, Iain Murray,

John Murray, John Owen, A.H. Strong, Matthew Henry, Jonathan Edwards, R.C. Sproul, y W.G.T. Shedd.

Rasgos Descriptivos del Postmilenarismo:

1. El reino mesiánico fue fundado en la tierra durante el ministerio terrenal y al través de la obra redentora de Jesucristo.

2. La naturaleza fundamental del reino es esencialmente redentora y espiritual más que política o física.

3. El reino de Cristo tendrá un efecto transformador en la sociedad y la cultura en la historia – debido al poder intrínseco y el diseño de la obra redentora de Cristo.

4. Habrá una expansión gradual y desarrolladora del reino de Cristo en el tiempo y sobre la tierra. La expansión no se dará como medios de la carne – pero por el ministerio de la Palabra de Dios, oración ferviente y obra santificadora del pueblo energizado por el Espíritu Santo. Algunos postmilenaristas en sus inicios creían que había una porción particular en la edad de la Iglesia moderna en la cual la expansión del evangelio sería la mayor.

5. Habrá un tiempo futuro en la edad de la Iglesia moderna en el cual el evangelio traerá un cumplimiento comprensible de la Gran Comisión. Habrá un tiempo cuando la mayoría de las naciones se convertirán a Cristo; la justicia aumentará, cesarán las guerras y la prosperidad y seguridad serán abundantes.

6. La duración de tiempo que tendrá este cumplimiento abundante es desconocido. Luego de este tiempo extendido de prosperidad del evangelio, la historia terrenal de la Iglesia moderna culminará en el retorno corporal, personal y visible de Cristo – acompañado de la resurrección corporal y el juicio final. Esto consuma el aspecto eterno del reino de Dios.

PUNTOS DE ACUERDO ENTRE EL AMILENARISMO Y EL POSTMILENARISMO:

1. El milenio es la era de la Iglesia moderna – e incluye sufrimiento y persecución.
2. El milenio es la era en la cual el evangelio llega a todo el mundo.
3. Satanás está atado en el sentido de su incapacidad de engañar a las naciones.
4. Satanás será desatado por un breve tiempo justo antes de la 2da. Venida.

5. En la 2da. Venida de Cristo habrá una resurrección física de los justos e injustos –el juicio final—luego el estado eterno.

Punto de Desacuerdo entre el Amilenarismo y el Postmilenarismo:

El postmilenarismo cree que la edad de la Iglesia moderna incluirá un tiempo cuando la levadura del cristianismo crecerá a tal grado que las naciones serán discipuladas. Esto incluye (por implicación) una gran influencia en las culturas – en cada área de la vida. Habrá un tiempo en la historia de la humanidad cuando no habrá guerra – por causa del poder e influencia del evangelio. La expectación de vida aumentará. En contraste, la mayoría de los amilenaristas no ven el evangelio teniendo progresivamente ese grado de impacto en el mundo.

Algunos de los proponentes más contemporáneos conocidos son: Samuel Storms, Sam Waldron, Guillermo Hendriksen y Antonio Hoekema.

CAPÍTULO VIII

ISRAEL & LA IGLESIA:
¿UN SOLO PUEBLO O ENTIDADES SEPARADAS?

Prácticamente todo el debate entre las posturas premilenarista, postmilenarista y amilenarista y que a su vez las distancia y las caracteriza, yace y cobra fuerza en el enfoque particular sobre el pueblo de Israel y la Iglesia. Mientras que la doctrina amilenarista, abrazada por un gran sector de la fe reformada, apunta que las promesas hechas al Israel étnico fueron traspasadas y se cumplen en la Iglesia y que por lo tanto ya Israel como nación no puede reclamarlas como para ser protagonista o testigo estrella en la agenda escatológica, ya que "de ambos pueblos hizo uno" (Efesios 2:14), los premilenaristas, tanto históricos como dispensacionales, entienden que todavía Dios ha de cumplir el llamado pacto davídico (II Crónicas 7:18; I Reyes 9:5; II Samuel 7:16) y las promesas dirigidas a la nación de Israel consistentes en restaurar y gobernar monárquicamente la nación bajo un reino terrenal futuro. Estos se amparan principalmente en la cátedra paulina en Romanos 11 donde se introduce con la interrogante: "¿Ha desechado Dios a su pueblo? En ninguna manera. Porque también yo soy israelita, de la descendencia de Abraham, de la tribu de Benjamín."

De allí que el sostener una base amilenial, que aduce que no hay necesidad de un reino intermedio a modo de paréntesis en la agenda eterna de Dios, descansa en la distinción o comparación entre Israel y la Iglesia y específicamente en la interpretación extrapolada de las promesas una vez hechas por Dios a la nación israelí que ahora deben ser reclamadas por la Iglesia.

En cambio, el premilenarista, concuerda en que a pesar de que la Iglesia está compuesta tanto de judíos como gentiles que han profesado su fe únicamente en Jesús como Salvador y Señor, y que ésta está conformada por representantes de toda etnia y raza humana en general, aun así Dios ejecutará un plan dirigido a la restauración de Israel como remanente tal y como lo prometió y que esta agenda se aplicará en el llamado reino milenial al cual se refiere el apóstol Juan en Apocalipsis 20:1-8.

A continuación, un estudio analítico y comparativo sobre los aspectos descriptivos del Israel de Dios desde una perspectiva amilenial reformada:

Títulos y Atributos del Israel del A.T. que son referidos a la Iglesia Cristiana en el N.T.

LA AMADA DE DIOS

A) Israel es la amada de Dios: - Ex. 15:13-16, Deut. 33:1-4, Esdras 3:10-11.

B) El Israel desobediente No es Amado de Dios: - Lev. 26:27-30, Jer. 12:8, Jer. 16:5-7, Oseas 9:10-15.

C) Los Cristianos son los Amados de Dios: - Rom. 9:22-25, Efe. 5:1-2, Col. 3:5-12, 1 Juan 3:1.

LOS HIJOS DE DIOS

A) Israel son los Hijos de Dios: - Ex. 4:21-22, Deut. 14:1-2, Isa. 1:1-4,4, Isa. 63:7-10, Hos. 11:1-2.

B) El Israel desobediente no son los hijos de Dios: - Deut. 32:5, Juan 8:37-44.

C) Los Cristianos son los hijos de Dios: - Juan 1:11-13, Juan 11:49-52, Rom. 8:13-16, 2 Cor. 6:14-18, Gal. 3:26, Gal. 4:4-7, Fil. 2:14-16, 1 Juan 3:1.

EL SEMBRADO DE DIOS

A) Israel es el campo de Dios: - Jer. 12:10.

B) Los Cristianos son el campo de Dios: - 1 Cor. 3:9.

EL REBAÑO DE DIOS Y DEL MESÍAS

A) Israel es él rebaño de Dios y del Mesías: - Salmos. 78:52, Salmos 80:1, Isa. 40:11, Jer. 23:1, 2, 3, Jer.

31:10, Ezeq. 34:12, 15, 16, Miqueas. 5:4, Zac. 10:3.

B) Los Cristianos son el rebaño de Dios y del Mesías:
- Juan 10:14,16, Heb. 13:20, 1 Pedro 2:25, 1 Pedro
5:2, 3.

LA CASA DE DIOS

A) Israel es la Casa de Dios: - Num. 12:7.

B) Los Cristianos son la casa de Dios: - 1 Tim. 3:15,
Heb. 3:2,5,6, Heb. 10:21, 1 Pedro 4:17.

EL REINO DE DIOS

A) Israel es el Reino de Dios: - Ex. 19:6, 1 Cron.
17:14, 1 Cron. 28:5.

B) El Israel Desobediente no es el Reino de Dios: -
Mateo 8:11,12, Mateo 21:43.

C) Los Cristianos son el Reino de Dios: - Rom. 14:17,
1 Cor. 4:20, Col. 1:13, Col. 4:11, Rev. 1:6.

EL PUEBLO DE DIOS

A) Los Israelitas son el Pueblo de Dios: - Ex. 6:7,
Deut. 27:9, 2 Sam. 7:23, Jer. 11:4.

B) El Israel Desobediente no es el Pueblo de Dios: -
Hos. 1:9, Jer. 5:10.

C) Los Cristianos son el Pueblo de Dios: - Rom. 9:25,
2 Cor. 6:16, Efe. 4:12, Efe. 5:3, 2 Tes. 1:10, Tit. 2:14.

LOS SACERDOTES DE DIOS

A) Los Israelitas son los sacerdotes de Dios: - Ex. 19:6.

B) El Israel Desobediente no son los sacerdotes de Dios: - 1 Sam. 2:28,30, Lam. 4:13,16, Ezeq. 44:10,13, Oseas 4:6, Mal. 2:2, 4, 8, 9.

C) Los Cristianos son los sacerdotes de Dios: - 1 Pedro 2:5,9, Rev. 1:6, Rev. 5:10.

LA VIÑA DE DIOS

A) Israel es la Viña de Dios: - Isa. 5:3, 4, 5, 7, Jer. 12:10.

B) Los Cristianos son la Viña de Dios: - Lucas 20:16.

LA ESPOSA (O NOVIA) DE DIOS

A) Israel es la Esposa (o novia) de Dios: - Isa. 54:5,6, Jer. 2:2, Eze. 16:32, Hos. 1:2.

B) Los Israelitas Desobedientes no son la Esposa (o novia) de Dios: - Jer. 3:8, Oseas 2:2.

C) Los Cristianos son la Esposa (o novia) de Dios: - 2 Cor. 11:2, Efe. 5:31,32.

LOS HIJOS DE ABRAHAM

A) Los Israelitas son los Hijos de Abraham: - 2 Cron. 20:7, Salmos 105:6, Isa. 41:8.

B) El Israel Desobediente no es los Hijos de Abraham: - Juan 8:39, Rom. 9:6,7, Gal. 4:25, 30.

C) Los Cristianos son los Hijos de Abraham: - Rom. 4:11,16, Gal. 3:7,29, Gal. 4:23, 28, 31

EL PUEBLO ESCOGIDO

A) Los Israelitas son El Pueblo Escogido: - Deut. 7:7, Deut. 10:15, Deut. 14:2, Isa. 43:20, 21.

B) El Israel Desobediente no es El Pueblo Escogido: - Deut. 31:17, 2 Reyes 17:20, 2 Cron. 25:7, Salmos 78:59, Jer. 6:30, Jer. 7:29, Jer. 14:10.

C) Los Cristianos son El Pueblo Escogido: - Col. 3:12, 1 Pedro 2:9.

LOS CIRCUNCISOS

A) Los Israelitas son los circuncidados: - Gen. 17:10, Judas 15:18.

B) El Israel Desobediente no son los circuncidados: - Jer. 9:25,26, Rom. 2:25,28, Phil. 3:2.

C) Los Cristianos son los circuncidados: - Rom. 2:29, Phil. 3:3, Col. 2:11.

ISRAEL

A) Israel es Israel

B) El Israel Desobediente no es Israel: - Num. 15:30,31, Deut. 18:19, Hch 3:23, Rom. 9:6.

C) Los Cristianos son Israel: - Juan 11:50, 51, 52, 1 Cor. 10:1, Gal. 6:15,16, Efe. 2:12, 19.

JERUSALÉN

A) Jerusalén es la ciudad y Madre de Israel: - Salmos 149:2, Isa. 12:6, Isa. 49:18, 20, 22; 51:18, Lam. 4:2.

B) Jerusalén es la ciudad y Madre de los Cristianos: - Gal. 4:26, Heb. 12:22.

LOS JUDÍOS

A) Los Israelitas son Judíos: - Esd. 5:1, Jer. 34:8,9, Zac. 8:22,23.
B) El Israel Desobediente no son Judíos: - Rom. 2:28, Ap. 2:9, 3:9.
C) Los Cristianos son Judíos: - Rom. 2:29.

EL NUEVO PACTO

A) El Nuevo Pacto es con Israel: - Jer. 31:31, 33.
B) El Nuevo Pacto es con los Cristianos: - Lucas 22:20, 1 Cor. 11:25, 2 Cor. 3:6, Heb. 8:6, 8, 10.

EL ÁRBOL DE OLIVO

A) Israel es un Árbol de Olivo: - Jer. 11:16, Ose. 14:6.
B) Los Cristianos son un Árbol de Olivo: - Rom. 11:24.

Versos del Antiguo Testamento referidos a Israel que son citados en el Nuevo Testamento como refiriéndose a los Cristianos:

CITA #1 - Lev. 26:11,12, Eze. 37:27, 2 Cor. 6:16.

CITA #2 - Deut. 30:12-14, Rom. 10:6-8.

CITA #3 - Deut. 31:6, Heb. 13:5.

CITA #4 - Deut. 32:36, Salmos 135:14, Heb. 10:30.

CITA #5 - Salmos 22:22, Heb. 2:12.

CITA #6 - Salmos 44:22, Rom. 8:36.

CITA #7 - Salmos 95:7-11, Heb. 3:7-11.

CITA #8 - Salmos 130:8, Tit. 2:14.

CITA #9 - Isa. 28:16, Rom. 10:11, Efe. 2:20, 1 Pedro 2:6.

CITA #10 - Isa. 49:8, 2 Cor. 6:2.

CITA #11 - Isa. 52:7, Rom. 10:15.

CITA #12 - Isa. 54:1, Gal. 4:27.

CITA #13 - Jer. 31:31-34, Heb. 8:8-12.

CITA #14 - Ose. 1:10; 2:23, Rom. 9:25-26, 1 Pedro. 2:10.

CITA #15 - Ose. 13:14, 1 Cor. 15:55.

CITA #16 - Joel. 2:32, Rom. 10:13.[10]

Teoría Reemplacista

En teología, la Teoría del Reemplazo, también llamada teología de la suplantación o teoría de la substitución o supercesionismo, implica una interpretación parcial del Nuevo Testamento cuyo argumento es que la actual relación de Dios con los cristianos reemplaza la relación que anteriormente tenía con los judíos (conocidos también como israelitas).

Las expresiones bíblicas de las relaciones de Dios con la humanidad se conocen como Testamentos, el argumento de la Teoría del Reemplazo es que el Evangelio o Nuevo Testamento de Dios con la Iglesia reemplaza aquél que lo precede, es decir, el Testamento que contiene el Pacto y Alianza con el Pueblo de Israel, substituyendo particularmente la Ley Mosaica o Torá.[11]

Sobre la controversia alrededor de esta teoría, el prominente teólogo y autor reformado R.C. Sproul dice:

> "Algunos cristianos creen que la iglesia del Nuevo Testamento reemplaza al Israel del Antiguo Testamento como tema de las profecías del Antiguo Testamento sobre Israel. Eso significa que hoy la iglesia es considerada como el nuevo Israel. Si esto es así, entonces cualquier profecía de la Biblia que tenga que

ver con Israel se refiere ahora a la iglesia cristiana y no tiene referencia específica a la nación de Israel.

Otros cristianos están convencidos de que las Escrituras tienen mucho que decir sobre el Israel étnico y nacional y que Dios aún tiene otro capítulo que escribir en cuanto al pueblo judío como tal. Estoy persuadido de que Dios escribirá un nuevo capítulo para el Israel étnico, para los judíos que están vivos en el mundo actual. Estoy persuadido de eso principalmente debido a la enseñanza de Pablo en su epístola a la iglesia en Roma; en esta carta él hace una clara distinción entre el pueblo judío y la iglesia cristiana (Rom. 11). En esa distinción, él habla del hecho de que Dios aún tiene trabajo por hacer con el pueblo judío....

......Los judíos, por supuesto, fueron entonces al exilio. Sin embargo, cuando Jesús anunció esta profecía sobre la destrucción de Jerusalén, dijo que Jerusalén sería hollada hasta que los tiempos de los gentiles se cumplieran. Así que incluso nuestro Señor habló en sus expresiones proféticas acerca de un período en que ese exilio de la nación judía terminaría y regresarían a Jerusalén, lo cual ha tenido lugar en nuestros propios días. Más allá de eso, no sé ni puedo hablar específicamente de la situación de Israel."[12]

El hecho de que esta declaración provenga de uno de los más prolíficos autores reformados amilenaristas, deja mucho que pensar ya que pareciera que se aparta de la creencia general entre sus homólogos.

En una línea similar de pensamiento el Dr. John MacArthur comunica:

> Es muy extraño que [los amilenaristas] crean en la elección soberana, crean en la doctrina de la elección y no crean que Dios mantendrá su promesa de elegir a Israel. "Israel, mi escogido," dice repetidamente en el libro de Isaías, "Israel mis elegidos". Esta es una elección de Dios y en Romanos 11, la elección o el llamado de Dios no es revocable, pero extrañamente estas personas que creen en la elección divina y creen que Dios hace lo que determina y cumple Sus promesas y a quien elige Él traerá a la salvación, extrañamente creen que las promesas que Dios hizo al elegir a Israel han perdido el derecho y que por la incredulidad de Israel son canceladas y ahora son dadas a la iglesia y no hay futuro para Israel.
>
> Eso se llama teología del reemplazo. Ese es un término teológico para ello, se llama teología del reemplazo y es la idea de que la iglesia sustituye a Israel... la iglesia reemplaza a Israel. Es muy popular que algunos teólogos lo llaman supercesionismo; usted no tiene que preocuparse sobre esa palabra, sólo es una palabra técnica que digo para algunos de

ustedes que son técnicos en caso de que lo vean y se pregunten qué significa, otro término para la teología de la sustitución. La iglesia reemplaza a Israel. ¿Por qué? Porque Israel desobedeció a Dios. Debido a que Israel se convirtió en apóstata religiosamente. Debido a que Israel rechazó a Cristo, porque Israel dijo no al Mesías, rechazaron al Mesías. Por lo tanto, fueron tan lejos como para crucificar al Mesías y al hacerlo, pierden de forma permanente todas las promesas del Antiguo Testamento de Dios, que por lo tanto son trasladadas a la iglesia. Entonces recibimos todas las promesas. Los judíos no obtienen nada, sino las maldiciones. Y esto es una suposición, por cierto, porque nada en la Escritura dice esto. No hay un lugar en la Biblia donde diga o encuentre que la Biblia dice que las promesas dadas a Israel inicialmente serán transferidas a la iglesia. Usted no encontrará eso en ningún lugar de la Biblia. No está allí. Usted no encontrará una declaración sobre la desobediencia de Israel, la apostasía, el rechazo de Cristo, dando lugar a la pérdida de su salvación en el futuro y el Reino de Cristo. Y aun la reconstrucción del templo y la restauración de la adoración en el templo son profetizadas por Israel. Eso va a suceder. No se dice nada en la Escritura que las revoque. Se trata de una suposición y es un supuesto enorme.

...así que mientras no tengas a Israel correctamente ubicado en el calendario profético no tendrás una escatología correcta, no porque Israel sea el centro de la Fe cristiana, sino porque a Dios le plugo hacer las cosas de esa manera: endurecer primero a los gentiles para tener misericordia de Israel y luego endurecer a Israel para tener misericordia de los gentiles, a Él le plugo sujetar "a todos en desobediencia, para tener misericordia de todos (11:32). Porque "Insondables son sus juicios, e inescrutables sus caminos! (33), ... ¿quién entendió la mente del Señor? ¿O quién fue su consejero? Eso se llama Elección Soberana. [13]

Cabe aclarar que el hecho de que los amilenaristas entiendan que la Iglesia es ahora el Israel de Dios y que por lo tanto es receptora y beneficiada directa de la mayoría de las promesas hechas una vez a los israelitas, no presupone ni asume que abracen la teoría del reemplazo o que se muestren antisemitas. No sería justo tildar o acusar a todo amilenarista de reemplacista porque un gran sector de los que se identifican con el amilenarismo aceptan que Dios de todos modos ha de salvar a un remanente fiel de entre el pueblo de Israel tal y como el apóstol lo predice en Romanos 11:26.

CAPÍTULO IX

AMILENARISMO:
Apología Desde Una Perspectiva Exegética

El orden y la naturaleza de los eventos, según el amilenarismo, es como sigue:

1. Gobierno actual del Mesías en un reinado espiritual.
2. La Segunda Venida de Cristo.
3. Conjuntamente con Su venida habrá una resurrección general, y todos los cristianos recibiremos al Señor en el aire.
4. Los enemigos de Cristo serán vencidos, y será celebrado el juicio final.
5. Finalmente, el mundo actual será destruido por fuego, y los justos pasaremos a habitar en el cielo nuevo y la tierra nueva por toda la eternidad.

En otros temas relativos a la naturaleza de la tribulación, el anticristo, y una salvación de judíos en el contexto del Nuevo Pacto, hay una diversidad de opiniones dentro de la misma escuela amilenial.

Argumentos a favor del Amilenarismo

1) Cristo es el verdadero Israel de Dios, de lo cual el Israel étnico del Antiguo Pacto era un tipo o sombra. Como la Iglesia está unida a Cristo, la

Iglesia también es considerada como el Israel de Dios. Esta iglesia es el único pueblo de Dios en el Nuevo Pacto, y está compuesto tan solo de creyentes en Cristo, tanto de entre los judíos, como de entre los gentiles (Ro. 2:26-29; Ro. 4:9-12; Ro. 11:17-24; Gal. 3:14-16, 22, 23-29; Ef. 2:11-22).

2) La Segunda Venida de Cristo será un único evento, conjuntamente con el arrebatamiento de la iglesia. Es lo que se conoce en escatología como "postribulacionismo" (Mt. 24:3-44; 2 Tes. 2:1-3).

3) La Manifestación del Reino de Dios, prometido en el Antiguo Pacto, halla su cumplimiento definitivo en la persona de Cristo. Este tendría dos etapas fundamentales: Siembra, en su Primera Venida, y Cosecha, en su Segunda Venida (Mt. 13:24-30, 36-43; Mt. 13:47-50).

4) Los autores del Nuevo Testamento interpretaron muchas profecías del Antiguo Testamento acerca de los postreros días como cumplidas plenamente en Cristo y/o la Iglesia; ya sea en la Primera Venida, en la Segunda, o en ambas venidas presentadas como un solo evento

(cf. Amós 9:11-12 con Hch. 15:14-18; Is. 65:17; 66:22 con Ap. 21:1).

5) La división de la historia de la humanidad en dos etapas, esta era presente y la era venidera, como es enseñada por Cristo y Pablo, es más consistente con el esquema amilenial (Mt. 12:32, Mr. 10:29-30, Luc. 20:34-36). ¿Cuándo termina esta era presente y cuando comienza la era venidera? En la Segunda Venida de Cristo (Mt. 13:24-30, 37-43; Tito 2:11-13).

6) La división de la historia de la humanidad en tres etapas, enseñadas en 2 Pedro 3:3-13, es también más consistente con este esquema a-milenial. Pedro dice que el mundo de ahora será destruido por fuego el día en que ocurra el Juicio de Dios (2 P. 3:7). ¿Cuándo ocurrirá el juicio de Dios? Cuando Jesucristo vuelva (2 P. 3:8-10). En ese momento no habrá oportu-nidad de salvación (v.9). Con la Segunda Veni-da será establecida la Tierra Nueva.

7) La enseñanza de Cristo respecto al juicio final en Mateo 25:31-46 excluye cualquier reino terrenal intermedio entre la segunda venida y el estado eterno.

<table>
<tr><td></td><td colspan="3">COMPARACIÓN DE TEXTOS PARALELOS DE LA II VENIDA</td></tr>
<tr><td>DESCRIPCIÓN</td><td>Mateo 24.30, 31, 40</td><td>1 Tesalonicenses 4.16-17</td><td>1 Corintios 15.51-52</td></tr>
<tr><td>El encuentro será en las nubes</td><td>"verán al Hijo del Hombre venir sobre las nubes"</td><td>"seremos arrebatados... en las nubes al encuentro con el Señor en el aire"</td><td>-</td></tr>
<tr><td>La poderosa trompeta convoca a los elegidos</td><td>"y enviará a sus ángeles con gran trompeta"</td><td>"con trompeta de Dios"</td><td>"a la final trompeta (porque sonará la trompeta)"</td></tr>
<tr><td>Sufriremos una transformación en nuestros cuerpos</td><td>"reunirán a sus escogidos de los cuatro vientos"

v.40: "uno será tomado y el otro dejado"</td><td>"seremos arrebatados simultáneamente con ellos" (con los que resuciten)</td><td>"seremos transformados" (los que quedemos vivos)

v.52 "en un abrir y cerrar de ojos" (pestañeo)</td></tr>
<tr><td>Jesús anunció una Venida</td><td>v.30 "venir sobre las nubes", v.37 y 39 dice: "la venida del Hijo del Hombre"</td><td>"los que quedemos hasta la venida del Señor"</td><td>"a la final trompeta" (la que se tocará al final en su segunda venida)</td></tr>
</table>

El Debate En Torno A Apocalipsis 20:1-10

El libro de Apocalipsis puede ser explicado como un conjunto de visiones que, aunque suceden una detrás de la otra, representan un paralelismo progresivo que atraviesa toda la nueva dispensación desde la primera venida de Cristo hasta su retorno en gloria. (Ver por ejemplo Ap. 11:15-19 con Ap. 12:1-5).

Hay algunos detalles del mismo pasaje de Apocalipsis 20:1-10 que nos pueden ayudar a defender el postulado de que el mismo se refiere a esta era evangélica:

Los mil años. Este mismo pasaje, al igual que en el resto del libro de Apocalipsis, está lleno de símbolos. (Ej.: la llave del abismo, la gran cadena, el dragón, la serpiente). Y en la Biblia el término "mil", muchas veces es usado de forma simbólica. (Ver. Deut.

1:11; 7:9; Josué 9:3; 1 Cr. 16:15; Job 9:3; Sal. 50:10; Cant. 4:4; Is. 60:22). De modo que los mil años de Apocalipsis 20 pueden estar indicando un período largo pero definido de tiempo.

La atadura de Satanás. Como parte de la simbología del pasaje, la pregunta que debemos de hacernos es, ¿en qué sentido Satanás ha sido atado en esta era evangélica? Antonio Hoekema responde al respecto: "…la atadura de Satanás durante la era presente del evangelio significa que, en primer lugar, él no puede evitar la propagación del evangelio y, segundo, que Satanás tampoco puede juntar a los enemigos de Cristo para atacar a la iglesia". Este no es el único pasaje del Nuevo Testamento donde se menciona esta restricción del poder de Satanás (cp. Mt 12:28-29 y Heb. 2:14-15).

Los tronos y las almas: La palabra "tronos" en Apocalipsis siempre se usa para referirse a tronos en los cielos o en la nueva Jerusalén que baja del cielo, salvo cuando habla del trono de la bestia. Y tenemos también la palabra "almas", que es usada en Apocalipsis 6:9-11 para referirse a los creyentes que han muerto (sobre todo los mártires) y que esperan el día de la resurrección. No debe resultar extraño, entonces, si en este pasaje le damos el mismo uso a estos términos. De modo que aquí parece ser que se nos habla de un reino milenial simbólico de los que han muerto en Cristo, principalmente los mártires, durante la actual Era Evangélica.

Estas almas volvieron a la vida, en el sentido de que a partir de un mundo que les fue antagónico que hasta les dio muerte, pasaron a una vida mejor, ya que en ese momento comenzaron a reinar con Cristo, a diferencia de los que mueren sin Cristo. La primera resurrección de la que habla Apocalipsis 20:5 es entonces el estado de vida superior que pasan a gozar todos los creyentes en alma, al momento de morir.

Estos no sufrirán la muerte segunda. A diferencia de la primera muerte, en la que todos participan, sean creyentes o incrédulos, la muerte segunda es la condenación que han de recibir los incrédulos por la eternidad.

La confrontación final. En Apocalipsis 20:7 al 10 vemos que esta era presente concluirá con el desatamiento de Satanás, es decir, con un esfuerzo final de su parte de destruir al pueblo de Dios. Pero sus propósitos serán frustrados con la intervención divina, destruyendo a sus enemigos con llama de fuego. ¿Cuándo ocurrirá esta intervención divina con fuego para destruir a los enemigos del pueblo de Dios?

Cuando Cristo vuelva, según 2 Tesalonicenses 1:7-8 y 2 Tesalonicenses 2:8.[14]

Interpretación del Arrebatamiento de la Iglesia:

> La posición más antigua con respecto a cuándo acontecerá el arrebatamiento de la iglesia, es la 'postribucionista'. De hecho, esa ha sido la única posición de la iglesia cristiana por 19 de sus 20 siglos de historia incluyendo los reformadores protestantes del siglo XVI (16). No fue sino hasta mediados del siglo XIX (19), después del 1830 y en los comienzos del siglo XX (20), especialmente después de la Segunda Guerra mundial cuando que se propagó la creencia muy popular entre algunos grupos evangélicos de que la iglesia no pasaría por la gran tribulación final. [15]

José Grau, escritor amilenarista, critica y ataca el premilenarismo con las siguientes palabras:

> Que el premilenarismo sea la interpretación más antigua es cosa que habría que estudiar, pero aun suponiendo que así fuese, se trataría de un premilenarismo que apenas se parece en nada al que propone el señor Lindsay en sus libros. Y lo que es más grave, la «antigüedad» del premilenarismo se traspasa, implícitamente, al dispensacionalismo: «era de la Iglesia», «tribulación», etc., cosas típicamente dispensacionales, pero no necesariamente premileniales; con lo que los lectores sacan la

conclusión de que los innovadores somos nosotros, los críticos del sistema dispensacional, que apenas si tiene algo más de un siglo de vida. Lo que parece olvidar también el señor Lindsay —o acaso lo ignora— es que su interpretación futurista del Anticristo, incorporada por Scofield y los dispensacionalistas a su sistema, fue un invento de los jesuitas Ribera y Belarmino para salir al paso de la exégesis de los reformadores y demás discípulos; invento que luego pasó a la Iglesia Anglicana, de esta Iglesia a Darby y, por vía Darby, luego hasta la Biblia Anotada de Scofield. Ciertamente, llamar a todo este sistema «la interpretación más antigua» entraña bastante atrevimiento, por no decir otra cosa.

Siguiendo el esquema de los dos siglos encontramos una escatología de tipo consumacionista, es decir, observamos que a la venida del Señor Jesús la tierra es consumida y empieza el periodo eterno, después de la resurrección de todos los muertos y el juicio final. Esto es importante ya que determina el lugar en el que se enmarca el periodo milenial, ya sea en este siglo o en el venidero, en la tierra actual o en la tierra renovada. Miremos como Pedro refleja esto:

El Señor no tarda su promesa, como algunos la tienen por tardanza; sino que es paciente para con nosotros, no queriendo que ninguno perezca, sino que todos procedan al arrepentimiento. Mas el día del Señor vendrá como ladrón en la noche; en el cual los cielos pasarán con grande estruendo, y los elementos ardiendo serán deshechos, y la tierra y las obras que en ella están serán quemadas. (2 Pedro 3:9-10)

Como podemos observar las declaraciones de Pedro nos dice que en la venida del Señor la tierra será consumida por el fuego proveniente de Dios. Esto no significa una total aniquilación de la tierra tal y como es actualmente, sino más bien una purificación o renovación de la misma como preparación para ser habitada por una nueva creación. Unos versículos más adelante el mismo apóstol dice: *Esperando y apresurándoos para la venida del día de Dios, en el cual los cielos siendo encendidos serán deshechos, y los elementos siendo abrasados, se fundirán. Pero nosotros esperamos, según sus promesas, cielos nuevos y tierra nueva, en los cuales mora la justicia* (2 Pedro 3:12-13).

Nuevamente el mismo principio es reflejado aquí; en la venida del Señor esta tierra será destruida y se dará paso a un cielo nuevo y una tierra nueva. Los cielos nuevos y tierra nueva son una referencia a Isaías 66:17: Porque he aquí que yo crearé nuevos cielos y nueva tierra. De lo pasado no habrá memoria ni vendrá al pensamiento.

Interesantemente encontramos que nuevamente esta se menciona en Apocalipsis 21, precisamente después de la mención del periodo del reino milenial.

"Entonces vi un cielo nuevo y una tierra nueva, porque el primer cielo y la primera tierra habían pasado y el mar ya no existía más". (Apocalipsis 21:1)

Esto por sí solo pone en duda la existencia de un reino intermedio entre la segunda venida de Cristo y la consumación de todas las cosas con la inauguración del periodo eterno. Al ubicar el inicio de los cielos nuevos y la tierra nueva a la segunda venida de Cristo esto obligaría a posicionar el reino milenario en este siglo y no en el venidero ya que la conclusión del milenio inaugura unos cielos nuevos y tierra nueva. [16]

Interpretación de la Primera Resurrección y Muerte Segunda:

Haciendo y desarrollando apología amilenarista a raíz de un debate teológico en un popular foro bíblico, Josías Estepan Gil subraya lo siguiente:

El premilenarismo no puede probar de ninguna forma que las almas que reinan están en la Tierra y no en el cielo. El argumento base que utilizan para decir que los mil años son un periodo exacto de tiempo es que se repite 6 veces (curiosamente la bestia del capítulo 17 también se repite 6 veces y es simbólica) pero cuando se acude a la literatura del mismo género (en vez de mi juicio propio de qué me parece literal o no) la literalidad de este tiempo queda aplastada.

Los santos reinan en el cielo. Son <u>los que han muerto</u>, pero los santos vivos aún están en la Tierra. A estos es que Satanás trata de atacar. Pero no termina ahí. La palabra tronos se usa 46 veces en Apocalipsis y todas las veces antes del capítulo 20 se refiere a tronos <u>celestiales</u>, salvo uno que se refiere al trono de Satanás. Daniel 7 que parece ser un paralelo también menciona los tronos y da la impresión de ser una escena celestial. También el pasaje habla en el original en tiempo perfecto, es decir no fueron las almas que fueron decapitadas sino las <u>almas que han sido decapitadas</u>. Se refiere a almas que después que resucitan ¡siguen siendo todavía almas decapitadas! Las traducciones parecen asumir que esto es uno de esos "errores ortográficos" de Juan, pero si se entiende la resurrección en otra forma diferente a la literal, adquiere sentido así como hace sentido que sea un reino celestial, si no los gobernantes son espíritus. No deberíamos de sorprendernos que los adventistas hayan desarrollado una teoría del milenio celestial dado lo explícito del pasaje.

Cuando se habla de la atadura de Satanás el premilenarismo tiene que proveer más allá del texto y del mismo contexto en el cual la atadura es "para que no engañase a las naciones", es decir provocar que todos los gobiernos del mundo se propongan perseguir la Iglesia de manera unánime.

(Al basar o establecer doctrina) si se examina toda la Biblia mediante la hermenéutica en vez de un pasaje oscuro en el libro más simbólico de las Escrituras (Apocalipsis) evidentemente no es la mejor opción. Poner una opción que hable de tres etapas cuando la Biblia habla de dos (este siglo y el venidero) donde no encaja el milenio propuesto, proponer la existencia de la muerte después de la segunda venida cuando la Biblia en múltiples pasajes dice que no será así además de proponer la permanencia del pecado y la salvación; decir que hay varios juicios separados y varias resurrecciones separadas cuando el resto de las Escrituras parecen decir que no es así definitivamente es una tarea difícil.

El amilenarismo tiene que lidiar con un texto lo más probable simbólico pero el premilenarismo tiene que lidiar con decenas de textos de diversos libros y variados géneros donde se desecha la idea del milenio luego de la venida. El premilenarismo tiene que empezar primero en lo simbólico para adaptar lo literal a éste; tiene que empezar por un pasaje particular para adaptar el mensaje general y global de las Escrituras, tiene que empezar por el AT para adaptar la enseñanza nueva del NT a éste.[17]

Esta es la misma línea de pensamiento y de análisis argumentativo de los más prominentes amilenaristas como es el caso de George Elton Ladd quien al respecto dice:

"Yo admito que la dificultad más grande para cualquier premilenarismo es el hecho de que la mayor parte del Nuevo Testamento presenta la consumación ocurriendo en la parusía de Jesús."[18]

Respecto a Juan 14:1-3, Nathan Díaz apunta lo siguiente:

> "Preparar lugar para vosotros" no era en el cielo sino en la cruz. Las moradas a las que se refiere el texto son moradas con el Padre (Véase Juan 14:23) y ya Cristo las compró en la cruz.[19]

En la misma disertación el Pastor Díaz recalca refiriéndose a la tarea de Satanás descrita en Apocalipsis 20:

> "Engañar a las naciones" se refiere a que ya no puede hacer pensar a las naciones que la salvación es para los judíos solamente".[20]

Sobre las resurrecciones nuevamente el erudito Jorge Trujillo escribe:

> En el Evangelio de Juan Cristo dijo "el que cree en mí, aunque esté muerto, vivirá" y en el libro de Revelación dijo "Bienaventurado y santo el que tiene parte en la primera resurrección". Las frases operantes son "en mí" y "tiene parte". Estos son los que son "bienaventurados" y quienes aunque estén físicamente muertos, siguen espiritualmente vivos. Los que están en Cristo por medio de la fe, ihan tomado parte en la primera resurrección! (Juan 11:25-26).

En el libro de Apocalipsis vemos que la Biblia dice que habrá dos resurrecciones. La "primera resurrección" que es para vida, y es espiritual (Juan 11:25-26), nos libra de la condenación eterna de la segunda muerte. La primera resurrección ocurre al momento de la salvación (Efesios 2:6), y la "segunda resurrección" que es física (corporal), ocurre en la venida de Cristo tanto para justos como para injustos.[21]

CAPÍTULO X

TABLA COMPARATIVA

CARACTERÍSTICA	AMILENARISMO	POSMILENARISMO	PREMILENARISMO HISTÓRICO (ph) & DISPENSACIONAL
HISTÓRICA	Orígenes, Agustín, La reforma, Luteranos y Calvinistas hasta hoy. Mayoritario 2/3 de la cristiandad han sido amilenaristas	Ticonius, Puritanos, siglo 19. Minoritario en todas las épocas.	(ph) Justino, Papias, George Ladd. Minoritario. ========== (d) Darby (1850), los hermanos de Plymouth, Scofield, Ryrie, Seminario de Dallas. Mayoritario en el siglo 20, Cine.
RESUMEN DE LO PRINCIPAL	NO MILENIO LITERAL Ap. 20, período largo de tiempo entre las dos venidas de Cristo. 1ª venida de Cristo, Satanás es atado en la primera venida (no engaña a las naciones), Mt. 12:29; Lc. 10:17-18; Jn. 12:20-32; Ap. 12:5-17; Col. 2:15) COMIENZA EL LARGO PERÍODO DE TIEMPO,	MILENIO LITERAL ENTRE LAS DOS VENIDAS Ap. 20, período de paz entre las dos venidas de Cristo alcanzado por la iglesia. Mt. 13:31-33. 1ª venida, súper éxito en la evangelización, comienzo del milenio, Satanás es atado, HAY PAZ Y PROSPERIDAD SOBRE LA TIERRA POR MIL AÑOS (lo escrito por los profetas del A.T.), Satanás es desatado, apostasía, gran	(ph) MILENIO LITERAL Después de la segunda venida de Cristo. 1ra. venida, evangelización, apostasía, gran tribulación, segunda venida, arrebatamiento, primera resurrección, Satanás atado, MILENIO, (se cumple lo escrito por los profetas del AT), Satanás desatado/gran rebelión (Batalla del Armagedón) Segunda resurrección, juicio final, cielo nuevo y tierra nueva.

	evangelismo, apostasía, anticristo, Satanás desatado por un poco de tiempo, gran tribulación, **segunda venida**, rapto postribulacional, 1ª Ts. 4:13-18, victoria sobre Satanás, resurrección general (Jn. 5:28-29), juicio final (Mt. 25; Rom. 2; 2 Ped. 3), cielo nuevo y tierra nueva. Promesas hechas a Israel en el A.T. se cumplen a la iglesia en cielo nuevo y tierra nueva.	tribulación, ataque final contra la iglesia, segunda venida, rapto (postribulacional), resurrección general, , victoria sobre Satanás, juicio final(Un solo juicio, después de la resurrección, en la segunda venda), cielo nuevo y tierra nueva	(d) MILENIO LITERAL después de la segunda venida de Cristo. DOS PLANES REDENTIVOS, uno para Israel en el milenio y otro para la iglesia entre las dos venidas de Cristo (paréntesis). 1ª venida, evangelización, apostasía, RAPTO SECRETO 1 Ts. 4 (segunda venida por la iglesia, pretribulacional) , gran tribulación 7 años (70ª semana de Daniel, Dn. 9), anticristo, 144 mil judíos predicando en la gran tribulación (Ap. 7), 2dª Venida con la iglesia para gobernar la tierra por mil años con ella, judíos convertidos en la gran tribulación entran a repoblar la tierra durante el milenio, mezcla glorificados y no glorificados en el milenio, se cumplen las promesas a Israel durante el milenio, se restablece el culto del templo, Satanás es atado por mil años Ap. 20, desatado al final, convence a los no glorificados de rebelión, se produce la gran batalla de Armagedón literalmente en el valle de Meguido, Cristo lo derrota y viene el juicio final o del gran torno blanco, cielo nuevo y tierra nueva.

CARACTERÍSTICA	AMILENARISMO	POSMILENARISMO	PREMILENARISMO HISTÓRICO (ph) & DISPENSACIONAL
HERMENÉUTICA	Gramático histórico teológico. Apocalipsis paralelismo progresivo Contexto determina que es literal y que es simbólico. Esquema de la historia basado en otros textos claros del N.T diferentes al Apocalipsis. Fundamental el esquema de los DOS SIGLOS. Mateo 12:32, Lucas 18:29 a 30, Gálatas 1:4; Lc. 20:34-35. Una sola resurrección, un solo juicio final. En la segunda venida.	Gramático histórico teológico. Apocalipsis en su mayoría es simbólico y se cumplió la mayoría en el año 70 DC (Preterismo, Mateo 24:34).	"La lectura natural del Apocalipsis determina si algo ha de ser interpretado literalmente o simbólicamente". Tendencia literalista en todo texto, "todo texto profético es literal". Apocalipsis visto como un libro cronológico. Cp. 1-4 Situación de la iglesia. Cp. 8-18 Gran tribulación. Cp. 19 Segunda venida. Cp. 20 Milenio. Cp. 21-22 Cielo nuevo y tierra nueva. (Ambos ph y d) (d)Historia dividida en 7 dispensaciones, 7 periodos de tiempo en los que Dios obra de manera diferente con el hombre. El significado de un texto puede cambiar y puede no ser uno solo (Dispensacionalismo Progresivo).
CARACTERÍSTICA	AMILENARISMO	POSMILENARISMO	PREMILENARISMO HISTÓRICO (ph) & DISPENSACIONAL
APOC 19 & 20 (Relación)	No relación cronológica. El cap. 19 es el final de un cuadro paralelo y el cap. 20 el principio del siguiente (Satanás atado 1ª venida). En el cap. 20 los santos están reinando en el cielo (Cap. 6 aparecen tronos en el cielo).	No relación cronológica. El cap. 19:1-10 no es la segunda venida sino la situación de la iglesia entre las dos venidas y los santos reinando en el cielo. El cap. 20 habla de la venida de Cristo, la era de la iglesia y las resurrecciones son	Relación necesariamente cronológica. Los santos están reinando sobre la Tierra. Ap. 20:4. Se trata de dos resurrecciones Físicas. Ap. 20:5 y 13.

CARACTERÍSTICA	AMILENARISMO	POSMILENARISMO	PREMILENARISMO HISTÓRICO (ph) & DISPENSACIONAL
	Estructura A B A en el cap. 20, es decir, tierra, cielo, tierra. La primera resurrección es espiritual.	espirituales.	
SEGUNDA VENIDA	La segunda venida de Cristo es después de un largo período de tiempo (No hay milenio) y da inicio a la resurrección general, el juicio de todos los hombres y el estado eterno. Mt 25; Rom. 2; 2 Ped. 3	La segunda venida de Cristo es después del milenio y da inicio a la resurrección general, el juicio de todos los hombres y el estado eterno tanto para creyentes como para incrédulos. Jn. 5:28-29, Mt. 25, Rom. 2; 2 Ped. 3	(ph) Cristo viene antes del milenio, Ap. 19 – 20, pero después de la gran tribulación. Mt 24:29. =========== (d)Cristo viene antes del milenio, pero antes rapta a la iglesia 1Ts 4, para dar inicio a 7 años (Dn. 9)de tribulación y luego viene de nuevo e inicia el milenio terrenal. Mt 25
EL INICIO DEL REINO DE DIOS	Es una realidad presente y terrenal que comenzó en la primera venida de Cristo. Lc. 11:20	Es una realidad presente y terrenal que comenzó en la primera venida de Cristo. Lc. 11:20	(ph)Es una realidad presente y terrenal que comenzó en la primera venida de Cristo. Lc. 11:20 =========== (d) Un reino terrenal será establecido durante un milenio futuro. El reino no está presente hoy en ningún sentido. 2 Sam 7
CARACTERÍSTICA	AMILENARISMO	POSMILENARISMO	PREMILENARISMO HISTÓRICO (ph) & DISPENSACIONAL
NATURALEZA DEL REINO	El reino es espiritual en su naturaleza, va creciendo en la medida que el evangelio alcanza toda tribu pueblo y nación, sin embargo relativamente	El reino es espiritual en su naturaleza abarcando cielo y tierra (Soberano). El crecerá gradualmente más y más y muchos serán salvados hasta llenar toda la tierra.	(ph) El reino ha venido pero no con poder transformador, permanecerán siempre mezclados el bien y el mal. Mt. 13:36-43.

	pocos serán salvados. Lc. 12:32	Mt. 13:31-33	(d) La segunda venida establecerá el reino súbitamente (Ap 19-20) y cataclísmicamente, Cristo no reina como rey ahora(2 Sam 7). El reino futuro terrenal de Cristo es primariamente judío.
DESCRIPCIÓN DEL MILENIO	Estamos en el "milenio" ahora, pero este tiempo nunca llegará a ser una era dorada Gal 1:4, el milenio es la era de la iglesia, después de esta era vendrá Cristo y con Él el estado eterno, al final de todo traerá la era dorada.	El milenio aparecerá en este tiempo lenta y progresivamente, la iglesia logrará una era dorada. Algunos creen que el milenio ya comenzó otros creen que comenzará abruptamente Mt. 13:31-33	(ph) El milenio es algo futuro, Cristo reinará con absoluto control en un tiempo de justicia. Ap. 20. ========== (d) El milenio es algo futuro Ap. 20. La justicia prevalecerá Is. 11. La economía judía del A.T. será restablecida, Ez 40-48, la adoración en el tabernáculo, el sacerdocio y los sacrificios de animales.
LA ATADURA DE SATANÁS Y SU ESTADO ACTUAL	Fue atado en la muerte y resurrección, Mt. 12:29, Lc. 10:17-18, Jn. 12:20-32, Ap. 12:5-17, Col. 2:15 implica no habilidad para engañar a las naciones impidiendo que reciban el evangelio o que destruyan la iglesia, no es una atadura en todo sentido, el diablo está muy activo en otros sentidos.	Fue atado en la muerte y resurrección de Cristo, su habilidad para engañar a las naciones está restringida y así abre la puerta al evangelismo mundial, la predicación tiene un efecto dañino sobre la actividad Satánica, el no controla todos los eventos.	(ph) La atadura de Satán no tiene lugar hasta la segunda venida Ap. 19- 20, Satán es el dios de este siglo malo, Gal. 1:4, 2; Cor. 4:4. ============ (d) Igual al anterior, Satán está vivo y sin impedimento alguno sobre el planeta tierra .

CARACTERÍSTICA	AMILENARISMO	POSMILENARISMO	PREMILENARISMO HISTÓRICO (ph) & DISPENSACIONAL
LA TRIBULACIÓN	La iglesia está actualmente en tribulación pero esta crecerá progresivamente hasta la GRAN TRIBULACION, los cristianos debemos esperar padecer tribulación durante toda esta era de la iglesia. Mt. 24:29	Terminó en el año 70 DC, comenzó con las persecuciones de Nerón. Fue predecida por Cristo como que duraría una generación solamente (Mateo 24:34) y fue experimentada por Juan (Ap. 1:9). Preterismo.	(ph) Es un período de 7 años antes de la segunda venida de Cristo, la iglesia pasará la gran tribulación. Mt. 24:29 ========== (d) Es un período de 7 años inmediatamente antes de la segunda venida de Cristo. La iglesia escapará de la tribulación por el rapto, 1Ts. 4, 1 Ts. 5:9, los judíos que crean después de eso serán dejados en la gran tribulación.
EL ANTICRISTO	Habrá un reinado futuro del anticristo sobre toda la faz de la tierra, el anticristo es un individuo. 2 Tes. 2	El anticristo apareció en el pasado y fueron varios individuos, o un movimiento o "espíritu" de engaño, 1 Juan 4:3. Juan escribió "así ahora han surgido muchos anticristos" (1 Juan 2.18).	(ph) Un anticristo futuro, un individuo que infligirá gran persecución a la iglesia antes del rapto. 2 Ts. 2. ========== (d) Un anticristo futuro, un individuo que llegará a ser un dictador mundial y perseguirá tanto a los judíos como a los cristianos. El alcanzará su posición dominante después del rapto. 2Ts 2
EL ARREBATAMIENTO	El rapto ocurre al final del período largo de tiempo, 1 Ts. 4, después de la tribulación, al momento de la segunda venida,	El rapto ocurre al final del milenio, después de la gran tribulación, cuando los creyentes resucitados se unen a los raptados que son	(ph) Después de la gran tribulación pero antes del milenio. (Rapto postribulacional). Mt. 24:29 y 40.

CARACTERÍSTICA	AMILENARISMO	POSMILENARISMO	PREMILENARISMO HISTÓRICO (ph) & DISPENSACIONAL
	después de que los muertos resuciten, resucitados y raptados se unen al Señor para venir a la tierra al juicio final.	transformados y en las nubes se unen al Señor. 1 Ts. 4	(d) Antes de la gran tribulación, judíos creyentes quedan en la gran tribulación y padecen persecución. (Rapto Pretribulacional). 1 Ts. 4.
EL TEMPLO	El templo y el sistema sacrificial del antiguo testamento fueron desechados para siempre. Heb. 9.	El templo y el sistema sacrificial del antiguo testamento fueron desechados para siempre. Heb. 9.	(ph) El templo y el sistema sacrificial del A.T. desechados para siempre. Heb. 9. ========== (d) El templo judío será reconstruido y el sistema sacrificial será restaurado. Ez. 40-48
LA RESURRECCIÓN	Una sola resurrección de todos los muertos Jn. 5:28-29 y Hch. 24:15. Las "resurrecciones" en Ap. 20 son espirituales. La primera resurrección es el paso del alma a la presencia de Dios, la segunda muerte es la condenación eterna (Ap. 20:14).	Una sola resurrección de todos los muertos Jn. 5:28-29 y Hch. 24:15. Las "resurrecciones" en Ap. 20 son espirituales. La primera resurrección es el paso del alma a la presencia de Dios, la segunda muerte es la condenación eterna (Ap. 20:14).	(ph) 2 Resurrecciones en Ap. 20, la primera, la de los santos antes del milenio, la segunda la de todos los demás después del milenio ========= (d) 4 resurrecciones: 1. En el rapto, no todos sino algunos escogidos, los mártires que reinaran con Él 1000 años, 1 Ts. 4:16, los lleva a reinar en el cielo. Ap. 20:4. 2. Al principio del milenio en la segunda venida, resucitan los creyentes del A.T. y los mártires judíos de la gran tribulación Ap. 20:4, Is. 26:19, Dan. 12:1.

CARACTERÍSTICA	AMILENARISMO	POSMILENARISMO	PREMILENARISMO HISTÓRICO (ph) & DISPENSACIONAL
			3. Todos los santos, en el juicio del gran trono blanco.1 Co 15. 4. Todos de los malos en el juicio del gran trono blanco. Ap. 20:11
EL JUICIO	Un solo juicio al final del largo período de tiempo entre las dos venidas. Mt. 25, Rom. 2; 2 Pedro 3; Ap. 22:12, Mt. 16:27, 25:31, Judas 14-15, 2 Tes. 1:7.	Un solo juicio final al final del milenio. Mt. 25, Rom. 2,2 Pedro 3, Ap. 22:12, Mt. 16:27, 25:31, Judas 14, 2 Tes. 1:7.	(ph) Un solo juicio final al final del milenio. Ap 22:12, Mt. 16:27, 25:31, Judas 14-15, 2 Tes. 1:7. ============ (d) 3 juicios: Primero en el rapto, el de los creyentes (1 Cor. 3:13ss). Segundo el de las naciones al principio del milenio (Joel 3:2, Mateo 19:28). Tercero el de los incrédulos al final del milenio (Ap. 20:15)
ISRAEL	Las profecías y promesas hechas a Israel son cumplidas a la iglesia en cielo nuevo y tierra nueva Isaías 9, 11, 66. Los judíos continuaran convirtiéndose hasta la segunda venida. Rom. 11:25ss	Las profecías y promesas hechas a Israel son cumplidas en la iglesia. El Israel étnico será al final convertido a través de la predicación del evangelio. Rom. 11:25ss.	(ph) Las profecías y promesas hechas a Israel son cumplidas en la iglesia. Heb. 8 Habrá una futura salvación de Israel. Romanos 11. ============ (d) El plan original de Dios para un reino en su primera venida fue alterado cuando los judíos rechazaron al Señor. El reino judío será establecido en la segunda venida de Cristo. Isaías 11 y 13

RELACIÓN ISRAEL & LA IGLESIA	La iglesia es el Israel espiritual, el Israel de Dios, no hay judío ni griego todos son uno en Cristo. Rom. 11; Gal 3:28, 6:16	La iglesia es el Israel espiritual, el Israel de Dios, no hay judío ni griego todos son uno en Cristo. Rom. 11, Gal 3:28, 6:16.	(ph) La iglesia es el Israel espiritual, el Israel de Dios, no hay judío ni griego todos son uno en Cristo. Rom. 11, Gal 3:28, 6:16 ============== d) Son dos pueblos de Dios separados. La iglesia es una interrupción del programa de Dios con Israel por el rechazo de ellos.
CARACTERÍSTICA	AMILENARISMO	POSMILENARISMO	PREMILENARISMO HISTÓRICO (ph) & DISPENSACIONAL
LA IGLESIA: SU ESTADO DESPUÉS DE LA I^{RA} VENIDA	Puede esperar un incremento, pero también apostasía creciente, tribulación y persecución aumentada hacia el final del tiempo. 1 Ts. 2	El crecimiento será tremendo, la gran comisión traerá masiva salvación. Mt. 13:31-33.	(ph) El mundo aborrecerá la iglesia y esto la reducirá y traerá la gran persecución final. 1 Ts. 2 ============== (d) La iglesia fracasará y perderá toda influencia, será predominantemente corrupta. Mt. 13: 31-33 "aves│cielo│corrupción"
ACTITUD HACIA EL FUTURO	Pesimista. Solo una pequeña porción del mundo será salvo, Lc. 12:32 el mal crecerá mucho, la apostasía y la tribulación terminan con la aparición de un dictador mundial, 1 Ts. 2, la idea de conversiones masivas y mejoras sociales no son	Optimista. Las profecías que predicen destrucción quedaron cumplidas en el pasado (Preterismo), al final las naciones se convertirán a Cristo por la predicación del evangelio, la gran comisión será un súper éxito.	(ph) Pesimista. La incredulidad y la apostasía en aumento, las profecías de destrucción están por venir, el evangelio será predicado a todas las naciones pero no será un gran éxito. 1 Ts. 2. ============== (d) Pesimista. La incredulidad y la apostasía en aumento, las

	muy factibles, Gal. 1:4		profecías de destrucción están por venir, el evangelio será predicado a todas las naciones pero no será un gran éxito. Mt. 13:31-33.
LA ESPERANZA DE LA IGLESIA	Es el estado eterno. Ap. 21-22.	Es la conversión de todas las naciones, Mt 13:32, por medio de la predicación del evangelio.	(ph) Es el rapto postribulacional ========== (d) Es el rapto pretribulacional
CIELOS NUEVOS Y TIERRA NUEVA	Creados en la segunda venida inmediatamente después de la resurrección y el juicio final Is. 65:17, 66:22; 2 Ped. 3; Ap. 21:1.	Creados en la segunda venida inmediatamente después de la resurrección y el juicio final Is. 65:17, 66:22; 2 Ped. 3; Ap. 21:1	(ph) Después de milenio terrenal. Ap. 20-22. ========== (d)Hay un levantamiento parcial de la maldición durante el milenio (Is. 65:7), judíos reconstruyen todo (Ez 40-48), terminado el milenio viene la nueva creación(1 Cor. 15)

CAPÍTULO XI

Falacias Exegéticas

Determiné incluir un capítulo dedicado al fenómeno de las llamadas *falacias* debido a que muy comúnmente caemos en ellas, es decir, inadvertidamente usamos argumentos a favor de la postura con la cual nos identificamos o en contra de aquella que atacamos creyendo que se trata de argumentos sólidos, objetivos y demostrables cuando la realidad es que no lo son y por lo tanto son descalificados para tal propósito.

Cuando de apología se trata, es menester guiarse por las reglas establecidas de argumentación con el fin de desarrollar un debate justo y evitar crear "muñecos de paja" que tan solo caricaturizan la posición contraria pero que no la rebaten desde una perspectiva relevante y tangible que se base en hechos comprobables y veraces. Cuando usamos falacias en nuestra argumentación terminamos engañándonos a nosotros mismos y de algún modo cediendo terreno desde nuestra postura a favor del contrincante ya que las bases de las cuales nos valemos para demostrar un punto no son universalmente aceptadas como buenas y válidas aun cuando se desprendan de la razón o la lógica.

Uno de los temas donde se detectan más falacias es precisamente en la escatología. Debido a que se trata, tal vez, del tema más escabroso y controversial en las Escrituras, se presta para ataques poco sustanciales, subjetivos o sin respaldo científico o cognitivo y por consiguiente el debate se torna poco dinámico, infructuoso e ineficaz. Aun cuando la argumentación esté fundamentada en una exégesis minuciosa del texto en cuestión, si el razonamiento o línea de pensamiento que se desarrolla no es congruente y consecuente con las normas apologéticas que garantizan un debate o argumentación justa, nuestra tarea habrá sido en vano o al menos no gozará de la objetividad y respeto con la cual se intencionó.

Es por ello que hacemos bien en familiarizarnos con las falacias más corrientes y los errores más comunes en los que solemos caer cuando presentamos defensa de nuestra cosmovisión en oposición a una contraria o yuxtapuesta.

En lógica, una falacia (del latín: *fallacia*, 'engaño') es un argumento que parece válido, pero no lo es. Algunas falacias se cometen intencionalmente para persuadir o manipular a los demás, mientras que otras se cometen sin intención debido a descuidos o ignorancia. En ocasiones las falacias pueden ser muy sutiles y persuasivas, por lo que se debe poner mucha atención para detectarlas.

El que un argumento sea falaz no implica que sus premisas o su conclusión sean falsas ni que sean verdaderas. Un argumento puede tener premisas y conclusión verdaderas y aun así ser falaz. Lo que hace falaz a un argumento es la invalidez del argumento en sí. De hecho, inferir que una proposición es falsa porque el argumento que la contiene por conclusión es falaz es en sí una falacia conocida como argumento *ad logicam*.

El estudio de las falacias se remonta por lo menos hasta Aristóteles, quien en sus Refutaciones sofísticas identificó y clasificó trece clases de falacias. Desde entonces, cientos de otras falacias se han agregado a la lista y se han propuesto varios sistemas de clasificación.

Las falacias son de interés no solo para la lógica, sino también para la política, la retórica, el derecho, la ciencia, la religión, el periodismo, la mercadotecnia, el cine y, en general, cualquier área en la cual la argumentación y la persuasión sean de especial relevancia. [22]

Existen diversos tipos de argumentos a los cuales se evocan desde las falacias, de entre los cuales sobresalen los siguientes:

<u>Argumento</u> <u>a</u> <u>Silentio</u>. El *argumentum ex silentio* o argumento desde el silencio es una falacia en la que se extrae una conclusión basada en el silencio o ausencia de evidencia. En el campo de los estudios clásicos este término hace referencia a la conclusión de que un autor ignoraba un determinado asunto debido a la falta de referencias al mismo en sus escritos. Cuando se usa como modo de prueba-razonamiento puro está clasificado entre las falacias, a pesar de lo cual puede ser válido y convincente cuando se trata de un razonamiento abductivo.

<u>Argumento</u> <u>ad</u> <u>Antiquitatem</u>. El argumento *ad antiquitatem* (también llamado apelación a la tradición) es una falacia lógica que consiste en afirmar que si algo se ha venido haciendo o creyendo desde antiguo, entonces es que está bien o es verdadero.

Este tipo de argumento hace tres suposiciones:

- Que la antigua manera de pensar fue probada como correcta cuando se introdujo, lo cual puede ser falso, ya que la tradición puede estar basada en fundamentos incorrectos.

- Que las razones que probaron este argumento en el pasado son actualmente vigentes para hoy. Si las circunstancias han cambiado esto puede ser falso.
- Que mantener el statu quo es preferible o deseable ante la posibilidad de un cambio, lo cual puede ser también incorrecto.

ARGUMENTO AD BACULUM. Un *argumentum ad baculum* (en latín, significa «argumento que apela al bastón») es una falacia que implica sostener la validez de un argumento basándose en la fuerza, en la amenaza o en el abuso de la posición propia. Resumiendo: «La fuerza hace el derecho».

El argumentum ad báculum se puede considerar como un subtipo de la falacia argumentum ad consequentiam o como un subtipo de la falacia argumento de autoridad. En el primer caso, interpretaríamos que el argumentante se ve forzado a admitir la validez de la falacia para evitar las consecuencias negativas de no hacerlo (por ejemplo, la violencia); mientras que en el segundo caso, entenderíamos que el argumentante admitiría la validez de la conclusión falaz ante la autoridad que reclama la falacia (autoridad basada no en el conocimiento como en el argumento de autoridad clásico sino basada en la fuerza). Aunque estas interpretaciones son factibles, el argumento ad báculum —dado lo extendido de su uso y la importancia en la argumentación política y periodística falaz— se suele considerar un tipo de falacia independiente.

Esta falacia es el contrario de apelación a la misericordia que consiste en sostener un argumento como válido por el hecho de que el que lo sostiene merezca piedad por alguna circunstancia.

<u>ARGUMENTO</u> <u>AD</u> <u>CONSEQUENTIAM</u>. Un *argumentum ad consequentiam* (en latín: «dirigido a las consecuencias»), es una falacia lógica que implica responder a un argumento o a una afirmación refiriéndose a las posibles consecuencias negativas o positivas del mismo. Tiene la estructura:

A afirma B.
B tiene como consecuencia C, que es algo negativo o indeseable.
Por tanto, B es falso.

O totalmente lo opuesto:
A afirma B.
B tiene como consecuencia C, que es algo positivo o deseable.
Por tanto, B es verdadero.

Una falacia *ad consequentiam* consiste en afirmar que un argumento de alguien es erróneo sólo porque las consecuencias indirectas reales o intuidas del mismo se consideren negativas o inaceptables. No todos los argumentos ad consequentiam son negativos. Es posible argumentar que algo es cierto por tener consecuencias consideradas positivas.

Argumento ad Hominem. En lógica se conoce como argumento *ad hominem* (del latín, «contra el hombre») a un tipo de falacia (argumento que, por su forma o contenido, no está capacitado para sostener una tesis) que consiste en dar por sentada la falsedad de una afirmación tomando como argumento quién es el emisor de esta. Para utilizar esta falacia se intenta desacreditar a la persona que defiende una postura señalando una característica o creencia impopular de esa persona.

Una falacia ad hominem tiene la estructura siguiente:
A afirma B;
hay algo cuestionable (o que se pretende cuestionar) acerca de A;
por tanto, B es falso.

Al denunciar este tipo de falacia no se debe caer en el error de pensar que por existir un argumento ad hominem la afirmación de B sería verdadera (esto es también una falacia conocida como argumento *ad logicam*). El hecho de que alguien desacredite al orador no prueba nada acerca de la falsedad o veracidad de lo que este diga.

El hecho de insultar a una persona dentro de un discurso —de otro modo racional— no constituye necesariamente una falacia ad hominem. Debe quedar claro que el propósito del ataque sea desacreditar a la persona que está ofreciendo la afirmación, para luego rebatir la afirmación como si fuera una consecuencia lógica de lo primero.

Una falacia ad hominem es una de las falacias lógicas más conocidas. Tanto la falacia en sí misma como la acusación de haberse servido de ella (argumento ad logicam) se utilizan como recursos en discursos reales. Como una técnica retórica, es poderosa y se usa a menudo —a pesar de su falta de sutileza— para convencer a quienes se mueven más por sentimientos y por costumbres acomodaticias que por razones lógicas. Se atacan, así, no los argumentos propiamente dichos, sino al hombre que los produce y, más concretamente, su origen, raza, educación, riqueza, pobreza, estatus social, pasado, moral, familia, etcétera.

ARGUMENTO AD IGNORANTIAM. Un *argumentum ad ignorantiam*, también conocido como llamada a la ignorancia, es una falacia que consiste en sostener la verdad (o falsedad) de una proposición alegando que no existe prueba de lo contrario, o bien alegando la incapacidad o la negativa de un oponente a presentar pruebas convincentes de lo contrario. Quienes argumentan de esta manera no basan su argumento en el conocimiento, sino en la ignorancia, en la falta de conocimiento. Esta impaciencia con la ambigüedad suele criticarse con la frase: «la ausencia de prueba no es prueba de ausencia»; es decir, se comete esta falacia cuando se infiere la verdad o falsedad de una proposición basándose en la ignorancia existente sobre ella.

ARGUMENTO AD LOGICAM. Se conoce como *argumentum ad logicam* o argumento desde la falacia a una forma de razonamiento falaz. Consiste en afirmar la falsedad de algo solo porque surge de un razonamiento contrario a la lógica o de una falacia. Esto es falaz debido a que la validez o invalidez de un razonamiento no determina necesariamente la falsedad o verdad de su conclusión.

ARGUMENTO AD MISERICORDIAM. *Argumentum ad misericordiam* (en latín: Apelación a la misericordia o Apelación a la piedad) es una falacia que consiste en la manipulación de los sentimientos para sostener un argumento como válido.

Generalmente no se la toma como una falacia lógica, ya que suele utilizarse para evitar un castigo o una consecuencia, mediante excusas de sucesos que a veces llegan al grado de sonar ridículas debido a lo irrelevantes que llegan a ser en el caso. Comparte un parecido con la falacia de la conclusión irrelevante.

Esta falacia es el contrario de apelación a la fuerza en que consiste que un argumento es válido porque el que lo sostiene tiene fuerza para imponerlo.

ARGUMENTO AD NAUSEAM. *Argumentum ad nauseam*, es una falacia en la que se argumenta a favor de un enunciado mediante su prolongada reiteración, por una o varias personas. La apelación a este argumento implica que alguna de las partes incita a una discusión superflua para escapar de razonamientos que no se pueden contrarrestar, reiterando aspectos discutidos, explicados y/o refutados con anterioridad.

Esta falacia es utilizada habitualmente por políticos, creyentes religiosos y retóricos, y es uno de los mecanismos para reforzar leyendas urbanas al repetir determinadas afirmaciones verdaderas o falsas hasta asentarlas como parte de las creencias de un individuo o de la sociedad, convirtiéndolas en verdades incontestables.

Su estructura funciona de la siguiente manera:
A afirma B.
B se repite constantes veces en la conversación.
Por lo tanto, B termina volviéndose verdadero.

La expresión ad nauseam es una locución latina que se utiliza para describir un debate que se alarga hasta llegar al abandono de alguna de las partes por cansancio; la locución hace alusión a algo que continúa hasta llegar —en sentido figurado— al punto de producir náuseas. Por ejemplo: «Este asunto se ha debatido ad nauseam»: quiere decir que se ha discutido tanto que al menos una de las partes se ha hartado del mismo.

Es conocida la frase atribuida al Ministro de Propaganda nazi Joseph Goebbels, «una mentira mil veces repetida se convierte en una verdad».

Esta falacia viene de la falsa creencia de que si alguien se molesta o dedica tanta energía para la repetición de un mensaje es porque este debe ser más veraz que otro que no se molesta o puede rebatirlo.

ARGUMENTO AD POPULUM. *Argumentum ad populum* (en latín, 'dirigido al pueblo') o sofisma populista, es una falacia que implica responder a un argumento o a una afirmación refiriéndose a la supuesta opinión que de ello tiene la gente en general, en lugar de al argumento por sí mismo.

A̲RGUMENTO A̲D V̲ERECUNDIAM. Un *argumentum ad verecundiam*, argumento de autoridad o *magister dixit* es una forma de falacia. Consiste en defender algo como verdadero porque quien es citado en el argumento tiene autoridad en la materia.

H̲OMBRE D̲E P̲AJA O̲ D̲EL E̲SPANTAPÁJAROS. Es una falacia que consiste en caricaturizar los argumentos o la posición del oponente, tergiversando, exagerando o cambiando el significado de sus palabras (del oponente) para facilitar un ataque lingüístico o dialéctico. El nombre viene de los hombres de paja que se usan para entrenar en el combate y que son fáciles de abatir. Del mismo modo, el argumentador no combate los argumentos contrarios, sino una imitación falsa y vulnerable de los mismos (el «hombre de paja») a fin de dar la ilusión de vencerlos con facilidad.

L̲A G̲ENERALIZACIÓN A̲PRESURADA. Muestra sesgada o *Secundum quid*, es una falacia que se comete al inferir una conclusión general a partir de una prueba insuficiente. Una generalización apresurada puede dar lugar a una mala inducción y por tanto a una conclusión errónea. Por ejemplo, considérese el siguiente argumento:

Juan es alto y es rápido.
María es alta y es rápida.
Matías es alto y es rápido.
Por lo tanto, todas las personas altas son rápidas.

Concluir que todas las personas altas son rápidas, porque haya tres que lo sean, es una generalización apresurada. Es muy probable que haya personas que sean altas y que sin embargo no sean rápidas.

El límite entre una generalización apresurada y una buena inducción a veces puede ser difuso, y establecer un criterio claro para distinguirlos es parte del problema de la inducción. [23]

D.A. Carson en su libro Falacias Exegéticas, clasifica las falacias que se desprenden de la interpretación bíblica de la siguiente manera:

1) Falacias en el estudio de palabras
2) Falacias gramaticales
3) Falacias lógicas, y
4) Falacias históricas y por presuposición. [24]

Todo ello básicamente para demostrar que en repetidas ocasiones cometemos el error, a la hora de apologizar o de exponer el texto frente a una audiencia, de argumentar y establecer como un hecho científico o demostrable aquello que realmente se basa en una suposición o presuposición ya sea porque lo hemos deducido en base a nuestro propio conocimiento, porque nos parece lógico, porque apela al sentido común o porque lo leímos o lo escuchamos de una fuente que consideramos autoritativa en la materia en cuestión, cuando lo cierto es que no hemos indagado diligentemente al respecto o no hemos hecho un estudio etimológico, lingüístico, semántico, histórico y/o científico de la información que comunicamos como veraz y exacta.

La defensa de nuestra cosmovisión escatológica no escapa a tal realidad; es decir, podemos caer inadvertidamente en el error de asumir una postura inflexible en aspectos periféricos o aun críticos basados en información incorrecta, incompleta o falaz, y lo que es peor, transferir tal información a otros que a su vez, asumiéndola como buena y válida, por igual la compartirán con otros, propagando accidentalmente así el error o al menos una verdad inexacta. Por esta razón insisto en que en materia escatológica no tenemos la última palabra y que el capítulo final aún está por escribirse.

CAPÍTULO XII

PLANTEAMIENTO & ARGUMENTACIÓN DE MI PROPIA POSTURA

Ya en la cuesta descendente de este libro, habiendo esbozado las distintas posturas escatológicas respecto a la agenda divina futura de los acontecimientos relacionados con el fin y el estado eterno y como resultado de mis investigaciones, reflexiones, consultas y estudio concentrado en el tópico que nos ocupa, me dispongo a intentar describir lo que hasta el momento, a este punto, es mi cosmovisión y posición escatológica. Esto y no sin antes admitir que me entiendo lo suficientemente flexible como para revisar y modificar mi propia postura si es necesario y cuando la situación lo amerite o demande. Quiero asegurarme de eludir la inflexibilidad y actitud dogmática cuando de material escatológico se trata porque como ampliaré en lo adelante, me luce que no todo está escrito y que Dios en Su soberanía ejecuta Su plan/agenda sin consultar con el hombre y a expensas de Su propio carácter, por consiguiente, no podemos darnos el lujo de escribir en tablas de piedra, jurar o garantizar que nuestra cosmovisión en esta arena movediza es la más acertada o la que más se acerca a la revelación bíblica.

No obstante, no eludo la responsabilidad como estudiante y como docente de presentar a groso modo y a mi juicio lo que sería el enfoque que va de acuerdo y en consonancia con las Escrituras, con el material revelado, en consistencia con el método de interpretación bíblica al cual me adhiero, advirtiendo y admitiendo siempre que existe la probabilidad de que no todo está escrito, de que todavía haya un próximo y último capítulo por escribirse que aún no nos ha sido revelado. Amparado en Deuteronomio 29:29 que señala que *"Las cosas secretas pertenecen a Jehová nuestro Dios; mas las reveladas son para nosotros y para nuestros hijos para siempre, para que cumplamos todas las palabras de esta ley."*, entiendo que no todo es demostrable o interpretable desde el punto de vista empírico, que así como muchos se refieren a lo etéreo, la metafísica, lo místico y otras ciencias esotéricas o disciplinas caracterizadas por la contemplación astral, telequinesis, meditación trascendental o percepción extrasensorial y en las cuales no somos peritos, Dios por igual ha de dictar cátedra por toda la eternidad, basado en Su carácter y naturaleza, desde la profundidad de la riqueza de su conocimiento eterno, la insondabilidad e inescrutabilidad de sus profundos pensamientos (Rom. 11:33), de los misterios y secretos que nos son ocultos y a los cuales no tenemos acceso todavía por pertenecer a otra dimensión.

ENFOQUE LINEAL-CRONOLÓGICO:

Hasta el momento todo el material recopilado y todos los detalles específicos que hemos compartido en este libro sobre los eventos del porvenir han partido y están fundamentados en un enfoque lineal del concepto que llamamos tiempo. Aunque esta obra no se trata de plantear una secuencia cronológica de tales eventos, se asume que toda la revelación apocalíptica al respecto se circunscribe y está supeditada al elemento tiempo. Dado que como raza humana residente en el planeta Tierra estamos sometidos a las leyes físicas de la naturaleza establecidas por el mismo Dios, que nos encierran en una dimensión que se caracteriza por un conjunto de elementos atmosféricos, gravitacionales y geológicos cuyo rigor gravita sobre y delimita nuestro hábitat y modus vivendi (cf. Hechos 17:26), solo podemos asimilar y procesar la revelación divina a partir de esta realidad; en otras palabras, Dios se reveló a humanos valiéndose de un lenguaje humano, por medios y recursos humanos y circunscritos a un ámbito humano. Parte de dicha ecuación es el factor tiempo. En base y a partir de éste nacemos, crecemos, envejecemos y morimos; no podemos revertirlo o retrasarlo ni podemos detenerlo o precipitarlo. Estamos absoluta y herméticamente confinados a esta esfera (tiempo y espacio) y como consecuencia vivimos en un proceso lineal de donde se desprende lo periódico y lo paulatino.

Es inevitable e ineludible por consiguiente que cuando nos concentramos en describir o indagar tanto sobre el pasado como el presente y el futuro, lo hagamos desde una perspectiva lineal, es decir, progresiva, transitoria o gradual cuyo ejercicio nos obliga a cronologizar los eventos. No tenemos otra alternativa. No hemos sido creados ni estamos programados para romper este tipo de esquema ya que, otra vez, Dios mismo dispuso de tales limítrofes. En ese sentido cuando nos acercamos al texto e intentamos interpretar con exactitud la revelación profética o apocalíptica, de inmediato y de manera lógica proponemos una cadena o secuencia cronológica de eventos para que nos hagan sentido y para que resulte ser asimilable e interpretable a todos. Sin embargo y a pesar de que Dios habló y se reveló al hombre siendo consecuente con sus propias normas de creación, sigue siendo Dios. Él es impredecible pero sobre todo soberano lo cual implica que tiene el derecho de ser arbitrario si así le place y no hay mortal alguno que pueda cuestionarle, juzgarle o condenarle por Sus acciones unilaterales o desinhibidas.

En otras palabras, lo que intentamos establecer es que a pesar de que contamos con vasta información, al menos la necesaria y suficiente desde el punto de vista de Dios, respecto a los sucesos que han de acaecer en el próximo capítulo en la agenda eterna de Dios, finalmente Él tiene la última palabra, Él es quien determina cuándo, cómo y por qué y por consiguiente se reserva el derecho y tiene la prerrogativa de "alterar" arbitrariamente su propia agenda. "Alterar" entre comillas porque no es alteración como si se fuese a arrepentir o como si tuviese un plan B cuando el A se muestra fallido, sino que como Él existe en otra dimensión donde no existe como tal el factor tiempo, Él ya vivió lo que nosotros entendemos como futuro y Él existe y aún se pasea en la eternidad pasada como si fuese hoy (cf. Ecl. 3:15). Concluimos pues que toda interpretación de la escatología parte de un enfoque lineal pero no dudo que el programa de Dios esté salpicado de elementos y componentes atemporales o al menos paralelos o simultáneos, y en lo que nos proponemos abundar en la próxima sección. No creo que sea difícil aceptar esta premisa si ya hemos profundizado en la teología, es decir en el estudio sobre la persona de Dios en el que nadie cuestiona que aspectos aparentemente conflictivos o yuxtapuestos en los llamados atributos de Dios, que nos son incomprensibles o paradójicos, a la sazón armonizan y nos harán sentido perfectamente cuando tengamos cuerpos transformados y vivamos en la dimensión en la cual Él está (cf. I Cor. 13:12).

Enfoque Circular-Atemporal

Mi postura y planteamiento respecto a la escatología se inclina más hacia una combinación de eventos puntuales y atemporales. Se me ocurre, luego de largas horas de estudio analítico e inductivo por décadas, que las distintas posturas referentes a la profecía y escatología bíblica a pesar de que pueden ser diametralmente opuestas o que se distancian la una de la otra en cuanto a su cumplimiento o materialización, tienen todas un elemento común que de algún modo pueden ser conciliadas; si no se logra por el esfuerzo nuestro, al menos Dios mismo proveerá en su "momento" la fórmula a tan complicada nomenclatura. No dudo que la solución al enigma precisamente será la transformación y glorificación de nuestros cuerpos y mentes cuando será entonces que comprenderemos a cabalidad el cómo la una se entrelaza con la otra para exhibir perfecta armonía y correlación. Al momento como estudiantes bíblicos no contemplamos como una posibilidad ni se nos ocurre cómo estas cosmovisiones que distan tan marcadamente la una de la otra puedan converger y llegar a un punto equidistante donde podamos apreciar todo el cuadro haciéndolas homogéneas y compatibles. Sin embargo, lo que es imposible para los hombres es posible para Dios (cf. Lucas 18:27). Dios ha de sorprendernos y ha de revelarnos en su καιρός cómo su plan es perfecto y armonioso y cómo el Espíritu que prometió que nos guiaría a toda verdad no falló en su intento y encomienda, cuando se aseguró de revelarnos a todos la verdad completa pero solo parcialmente aceptadas y descodificadas por seres mortales imperfectos que no cuentan con la suficiente capacidad para descifrar misterios como lo fue en el caso de cierta audiencia de Jesús que no lograban procesar cognitivamente sus parábolas y aún sus discípulos mostraron dificultad en descifrarlas porque precisamente el mismo Dios/Jesús vedaba su entendimiento adrede y con el propósito de mantenerles en la ignorancia hasta que llegase el momento de revelarles la verdad (cf. Marcos 4:12; Lucas 8:10; Mateo 13:36)

Soy de la convicción entonces de que aunque la revelación bíblica nos fue dada en nuestro propio lenguaje humano y que Dios habló con la intención de que dicha comunicación fuese efectiva y alcanzara su objetivo de interpretación, así mismo le plugo restringirla con la finalidad de ser Él el Protagonista y Titular que se encargará por Sí mismo de darnos el desenlace final en Su propio método y en su propio momento, no el nuestro.

Por otro lado me inclino a pensar que una considerable porción de la revelación apocalíptica es/será atemporal, es decir, que no se podrá medir, que no será lineal o puntual sino más bien circular o espiral si se quiere, que será acronológica, que no habrá manera de detectar un inicio o señalar un final, que no se podrá ubicar en el tiempo y el espacio. Aun antes de que disfrutemos de cielos nuevos y tierra nueva donde definitivamente ya no nos regiremos por el tiempo como lo conocemos, Dios se las ingeniará para ejecutar planes y celebrar programas "paralelos" o simultáneos. Penosamente no tengo manera de demostrar y ofrecer evidencia de esta corazonada pero no me cuesta compartirla ya que entiendo que está alineada y es consecuente con la naturaleza, esencia y sustancia de la misma revelación escatológica. Aclaro, no obstante, que aún los términos "simultáneo" y "paralelo" quedan cortos y por lo tanto no ofrecen una idea acabada ni precisa del fenómeno que intento explicar ya que al fin y al cabo son términos humanos que se asocian y se gestan desde los factores tiempo y espacio a los cuales estamos confinados y que al no pertenecer a otra dimensión, jamás podremos visualizar, comprender ni explicar sucintamente lo que sucede en la esfera atemporal.

Un intento de explicar la esfera atemporal partiendo desde lo que conocemos como eternidad (concepto con el cual hubiese sido imposible familiarizarnos si no fuese porque nos fue revelado en la Palabra, (véase Ecl. 3:11), lo es la noción del tiempo. Como *homo sapiens* estamos conscientes de nuestro existir y discurrir del tiempo. Creamos hábitos y establecemos rutinas basadas en el tiempo. Nos regimos por horarios y calendarios, planificamos actividades repetitivas o concurrentes alrededor del elemento tiempo. Tan afectados e impactados somos por el tiempo que cuando se nos habla o pensamos en la eternidad no podemos evitar el describirla subjetivamente en términos relacionados con el tiempo como serían siglos o milenios, de modo tal que si a algunos de nosotros nos hiciesen la ilógica pregunta: ¿cuánto "tiempo" pasaremos en la eternidad?, un intento de respuesta sería: "Luego de que pasen 879 mil millones de trillones de años entonces pasamos a la segunda etapa de unas 473 mil billones de etapas". Sin embargo, nada más absurdo y descabellado que una respuesta como ésta, primero porque tales números son ínfimos y no hacen justicia al concepto eternidad y segundo porque no se puede medir la eternidad en términos de años luz, propios de nuestro sistema solar y movimientos de rotación terráquea.

En otras palabras, en la eternidad, en la esfera atemporal, no tendremos noción del tiempo porque el tiempo no existirá y por consiguiente todo el discurrir y vivencias propias de tal esfera o dimensión no podrán ser medidas en términos de duración ni podrán llevar una secuencia cronológica. Hágase la idea de que Dios le va a cambiar el microchip cerebral con el que vino de fábrica pero que al transformar su cuerpo le pondrá un macrochip con capacidad de teletransportación, auto-propulsión al espacio sideral sin necesidad de traje espacial ni tanques de oxígeno pero sobre todo con memoria anulada y reprogramada con efectos especiales de material eterno.

En un esfuerzo por continuar definiendo lo atemporal, se me ocurre las siguientes comparaciones:

Imaginémonos por un momento que Rodrigo es colocado en una cápsula hermética de tiempo luego de extraer todo su torrente sanguíneo cual diálisis y preservar su sangre a temperaturas bajo 0 grados Fahrenheit. Rodrigo es anestesiado y entra en una especie de coma. Al cabo de 59 años se le aplica el proceso de reversión osmótica y Rodrigo sale de la cápsula sin absoluta noción del proceso al cual fue sometido. Notamos a un Rodrigo con apariencia y rasgos físicos acorde con la edad inicial cuando fue encapsulado pero quien al ser cuestionado, no tiene la más remota idea de lo que experimentó a lo largo de los 59 años concurridos y que lo único que registra su memoria es el haber dormido por 30 minutos.

Imaginémonos por igual el caso del pequeño Andrés quien apenas cumple 6 años de edad pero ya se diagnostica y se prevé que no alcanzará los 17 años de edad. Andresito nació con la rara enfermedad llamada Progeria, también conocida como Síndrome de Warner que consiste en el envejecimiento brusco y prematuro y que como resultado sus portadores tienen una corta expectación de vida. Las células en su sistema biológico muestran un súbito deterioro que se refleja en su epidermis y superficie cutánea y que le impide el desarrollo normal como se esperaría de un niño de su edad (tiempo). Cronológicamente solo tiene seis años de edad pero su cuerpo y su mente dictan otra realidad y Andresito ya habla con voz débil y entrecortada típica de un anciano de 91 años de edad. Este es el caso opuesto al caso de Rodrigo pero que en ambos el elemento común es la existencia divorciada o en conflicto con el discurrir convencional del tiempo. Así mismo se intenta describir la eternidad y del mismo modo el Apóstol Pedro comunica dicho concepto relacionado con Dios cuando dice: "Mas, oh amados, no ignoréis esto: que para con el Señor un día es como mil años (caso de Andresito), y mil años como un día (caso de Rodrigo)." [II Pedro 3:8]. He aquí lo atemporal subjetivamente ilustrado.

De modo similar lo ilustramos con lo que se conoce en teología como "estado intermedio" que es la condición en la que se encuentran los muertos en sus tumbas en espera de ser resucitados con nuevos cuerpos mientras que sus espíritus han vuelto a Dios quien los dio (Ecl. 12:7) en el momento en que se esfumó su último hálito de vida en esta tierra. Mientras que sus cuerpos yacen en estado de inanición e inertes, siete pies bajo tierra, sus espíritus aguardan el juicio final o disfrutan de la presencia de Dios en los cielos. Pero me pregunto: ¿Qué evidencia tenemos de su actividad en los cielos? ¿Cuál es la dimensión de su conciencia? ¿Están al tanto de lo que sucede en la tierra y sufren las penurias y vicisitudes que atraviesan sus seres queridos que dejaron atrás? ¿Vivirán mortificados porque dejaron tareas incumplidas en su misión terrenal? ¿Intercederán en oración por sus amigos o colegas a los cuales nunca les hablaron de Cristo y ahora les remuerde la conciencia? Sin duda en esta vida nunca tendremos una respuesta categórica a estas interrogantes a pesar de que el sentido común nos dicta que es poco probable que su conciencia terrenal esté activa a tales niveles y todo porque se encuentran en un estado atemporal incompatible con nuestra esfera terrícola que nos es imposible definir y de la cual no tenemos suficiente información porque la Biblia no nos ofrece detalles al respecto.

Otro ejemplo de una descripción de elementos pertenecientes o referentes a lo temporal combinado con lo atemporal lo encontramos en Juan 14:2 cuando Jesús dijo: "voy, pues, a preparar lugar para vosotros". Mientras que nadie pone en tela de juicio esta aseveración considerándola como promesa inquebrantable en la que el propio Jesús pone en juego su reputación como uno que cumple lo que promete, se hace necesario aplicar la debida interpretación a tan nada compleja frase al compararla y conectarla con los diversos sucesos alrededor de esta misión y al ubicarla en su propio contexto celestial al cual desemboca. Una exégesis no forzada del texto nos lleva sin mucho esfuerzo a la conclusión de que creyentes con cuerpos transformados no necesitan de un "lugar físico" ni mansiones en las cuales habitar como para que Jesús tenga que ocuparse por veintiún "siglos" de su construcción asegurándose que cada una resulte a la medida, adaptación, conformación, ajuste, necesidades y preferencia de cada redimido. Entonces, ¿mintió Jesús?, ¿a qué se refiere Jesús cuando dice "voy a preparar lugar"? Otra vez, apegados al texto, al espíritu de la profecía/revelación, ciñéndonos de las normas y directrices hermenéuticas que regulan la interpretación de un pasaje, llegamos a la conclusión de que dado que el cielo es atemporal y dado que cuerpos transformados tienen la capacidad de ajustarse a las leyes que gobiernan el más allá, Jesús simplemente está comunicando que le es necesario partir y reportarse de nuevo al Padre en anticipación a nuestra bienvenida en los cielos donde todos los salvos, redimidos por la sangre del Cordero han de disfrutar de las maravillas aún no reveladas que Dios nos tiene reservadas. Entonces, ¿habrá mansiones-moradas físicas en los cielos? Si las hay, al menos no fueron establecidas con la intención de albergarnos y cobijarnos como se define su propósito en la tierra, sino con intenciones meramente decorativas u ornamentales para nuestro propio deleite y éxtasis. De modo que se trata éste de un ejemplo tangible de eventos en los que se funden lo material con lo inmaterial, lo temporal con lo atemporal, lo conocido con lo desconocido, elementos terrenales con elementos celestiales. Si no aceptamos esta realidad aunque sea considerada virtual, no podremos ni siquiera acercarnos a la interpretación correcta del material escatológico.

Principio hermenéutico de Doble Referencia e Intervalos

Soy un fiel creyente del llamado Principio Hermenéutico de Doble Referencia. Añado, como conclusión a este libro en mi planteamiento de mi propia postura escatológica, que muchos de los conflictos y divergencias entre posturas escatológicas se deben a que muchas veces se ignora o se tiene desconocimiento de este importante principio. Otra vez, creo que las diversas posiciones relacionadas a los eventos del porvenir pueden encontrarse en un punto afín que estreche el margen de diferencia entre ellas para hacerlas de algún modo homogéneas o compatibles y sin duda alguna este principio debe añadirse a la lista de recursos y mecanismos que contribuye generosamente con dicho intento.

El principio de doble referencia se aplica al hecho de que en algunos pasajes se hace referencia a un evento, persona, o cosa primario y, a la vez, a uno secundario. Secundario no indica menor en importancia sino segundo en secuencia. Un ejemplo se encuentra en Ezequiel 28:12-17 donde la referencia primaria es al rey de Tiro. Sin embargo, al examinar el pasaje es obvio que algunas declaraciones no pueden referirse a un ser humano. La referencia secundaria es a Satanás.

La ley de doble referencia es importante especialmente en la interpretación de los pasajes proféticos. Dos eventos separados extensivamente en el tiempo de su cumplimiento pueden mencionarse en el mismo pasaje como uno solo. Una profecía puede aludir a dos eventos distintos, uno cercano y el otro en el futuro lejano. Muchas veces el profeta tiene un mensaje para su propio tiempo tanto como para el futuro. En los propósitos de Dios, el cumplimiento del primer evento garantiza el cumplimiento de lo lejano.

Una frase utilizada ahora en debates escatológicos es *ya/no todavía*. La frase se usa mayormente en el contexto de discusiones acerca de los Evangelios sinópticos y particularmente en relación al reino de Dios ya presente en Cristo y todavía futuro en Su segunda venida. Los dispensacionalistas progresivos utilizan el término *ya/no todavía* para indicar el reino Davídico ya en la Iglesia y el reino Davídico no todavía en el Milenio.

La conclusión de que haya etapas de cumplimiento de ciertas declaraciones proféticas es asociado con el concepto de la revelación progresiva. Según Ryrie:

> La revelación progresiva es el reconocimiento de que el mensaje de Dios al hombre no fue dado de una vez, sino que fue desplegado en una larga serie de actos sucesivos y a través de las mentes y manos de muchos hombres de diferentes procedencias (Ryrie, *Dispensacionalismo Hoy*. pp. 32).

Hay un cumplimiento actual de muchas declaraciones proféticas en la primera venida de Cristo, pero ¿qué está incluido en ese cumplimiento? ¿Ya está establecido el reino de Cristo en alguna forma parcial? Cuando Cristo leyó Isaías 61:1, 2 no citó la frase el día de venganza del Dios nuestro. Continuamente se ha profetizado que el juicio de Dios precedería la fundación de Su reino en la tierra. Ese juico sucederá en la Gran Tribulación.

Otra condición necesaria antes de que el Mesías reinase en la tierra es el reconocimiento a su Rey prometido por toda la nación de Israel. Ni el juicio ni el reconocimiento han ocurrido todavía, por eso, el reino de Cristo no todavía ha sido establecido. El término *ya/no todavía* es ambiguo porque no clarifica el límite de lo que ya está cumplido. Un término mejor es el que utilizó el Dr. Mike Stallard, "preparación" (notas de clase, 1997). Este término implica una relación entre lo que fue prometido a Israel y lo que es parcialmente cumplido en la Iglesia pero indica que el cumplimiento final no comienza todavía. Israel, por la misericordia de Dios, reinará bajo Cristo y Dios cumplirá las promesas de los pactos a Abraham y a David. La Iglesia, por la gracia de Dios, participa en el reino debido a su relación a Cristo (su novia) y como coherederos con Cristo (Elliot E. Johnson, *Issues in Dispensationalism*, ed. por Willis y Master, p. 196).

Algunos pasajes proféticos tienen un cumplimiento múltiple. La abominación desoladora de Daniel 9: 27; 11:31 y 12:11 se cumplió en el tiempo de Antíoco

IV Epífanes y luego en la destrucción de Jerusalén en el tiempo de los Romanos y será cumplido finalmente durante la Gran Tribulación de Mateo 24:15 (Apoc. 13:14-16). En la administración de Dios hay un enchufe del tiempo (2 Pedro 3:8). La profecía de Joel (2:28-32), citado en el sermón de Pedro en el día de Pentecostés (Hechos 2:17-21), tuvo un cumplimiento parcial en el tiempo del derramamiento del Espíritu en Pentecostés pero su último cumplimiento espera el tiempo del fin de la Gran Tribulación y su derramamiento del Espíritu en la nación judía.

Otro punto en este tema de doble referencia es la naturaleza progresiva de la profecía y cómo las profecías posteriores aumentan detalles a las anteriores. Cada profeta tenía un cuadro limitado del evento final. El cuadro completo era más que todas las vislumbres parciales unidas. Las amplias profecías de la encarnación y pasión del Mesías solamente revelaron ciertos detalles y dejaban mucho sin resolución. El evento en su totalidad era mucho más de lo que los profetas pintaban. Los cuadros del Mesías sufriendo y glorificado parecían contradecirse puesto que ellos los vieron como eventos en progresión, pero en realidad son separados por un largo período de tiempo. Esta brecha de tiempo en el cumplimiento se llama un intervalo.

Un intervalo según el diccionario Karten es un espacio que hay entre dos tiempos o lugares. Muchas veces en los pasajes proféticos hay una vista cercana ya cumplida y una vista lejana que espera su cumplimiento. También puede haber una doble referencia a dos eventos similares en el futuro distante. Esto se llama el principio de intervalo o la ley de doble referencia. Generalmente no hay ninguna alusión o indicación en la profecía de la brecha en el tiempo entre los dos eventos. El profeta puede ver eventos que están separados por un largo período de tiempo como si fueran acontecimientos seguidos.

El hecho de que una parte de una profecía ha sido cumplida literalmente y el resto no, no indica que habría necesidad de una interpretación figurativa o no-literal de la parte no cumplida. En el campo de la profecía cumplida no es posible señalar ninguna que se ha cumplido de otro modo sino literalmente (Pentecost, *Eventos del Porvenir.* pp. 61). Dios siempre ha cumplido las profecías en tiempos pasados literalmente y en detalle. Esto es un principio divino establecido y asegura un futuro cumplimiento, literal y completo, de toda profecía.

En el anuncio del nacimiento de Cristo se declaró a María: concebirás en tu vientre, y darás a luz un hijo... y reinará sobre la casa de Jacob para siempre (Lucas 1:31-33). La primera parte de la profecía fue cumplida literalmente dentro de un año y la segunda parte, aunque separada por miles de años, también será cumplida literalmente. En la profecía de Juan acerca de las dos resurrecciones (Juan 5:28,29), no hay indicación de un intervalo de tiempo que separa las dos. Sin embargo, la resurrección de vida ocurre antes del Milenio y la resurrección de condenación ocurre después de ello. Las dos se cumplirán literalmente pero separadas por más de mil años.

Si no estamos enterados del principio del intervalo erramos en la interpretación de pasajes proféticos. Hay muchos que enseñan que las dos resurrecciones suceden a la vez. No distinguen entre los eventos de la segunda venida de Cristo según los intervalos indicados por la exégesis cuidadosa de los pasajes concernientes. El principio de intervalo es muy importante para una interpretación correcta de la profecía. [Pinkston pp. 104-117]

EJEMPLOS DE CASOS BÍBLICOS DE DOBLE REFERENCIA Y DOBLE CUMPLIMIENTO:

1. Malaquías 4:5/Mateo 17:10-12: El Elías que habría de venir.

2. Isaías 14:4-15: Rey de Babilonia & Lucifer (Satanás) [DUALIDAD]
3. Salmos 22 [y otros mesiánicos]: Cumplidos en David y en Jesús.
4. Números 21:9/Juan 3:14-15: La serpiente de bronce levantada y Jesús [TIPO]
5. Isaías 61:1-9/Lucas 4:17-21: Encomienda de Isaías & de Jesús. El mismo texto ofrece detalles de ambas venidas de Jesús [BRECHA]
6. Isaías 11:1-5/Juan 5:30: Isaías está ajeno a que los vs. 2,3 se refieren a la primera venida de Jesús, mientras que los versos 4, 5 a su segunda. [BRECHA]
7. Lucas 21:20-24/Mateo 24:15-22: Invasión de Jerusalén bajo Tito en el 70AC en contraste con la "abominación desoladora", es decir, la invasión de Jerusalén al final de la era [TIPO-BRECHA].
8. Isaías 13:1-16: Dios predice su juicio a los babilonios por medio a los Medo-persas, pero el lenguaje en los vs. 4-16 van más allá del juicio para describir un juicio mundial al final de esta era.
9. Jeremías 31:31-34/Hebreos 10:15-18: Este pacto se atribuye a la Iglesia aunque el autor de Hebreos declara que las mismas bendiciones vendrán sobre todo aquel que crea en Jesús en nuestros tiempos [PARCIAL IMPREVISTO].

10. Daniel 8:9-14/Apoc. 12: El cuerno pequeño se cumplió en Antíoco Epífanes y a su vez es protagonizado y se trata de revelación futurista.

11. Joel 2:28-32/Hechos 2:16-21: Pedro dice que esta profecía también habla del derramamiento del Espíritu en sus contemporáneos en Pentecostés.

12. Isaías 49:1-6/Hechos 13:47: Dios dice que Su siervo restaurará Israel hacia Él pero luego Pablo cita el mismo pasaje como descripción de la misión de la Iglesia a los gentiles.[25]

ELS (Equidistant Letter Sequence), Misterios y Revelación Oculta

Una técnica desarrollada en el 1985 por el matemático Dr. Eliyahu Rips a partir de su descubrimiento de lo que llamó "Secuencia Equidistante de Letras", se añade a mi planteamiento e insistencia de que no todo está escrito todavía desde el ángulo y programa de Dios, es decir, que aun leyendo bajo un lenguaje llano y literal, nos toparemos con pasajes y textos de las Escrituras que contienen una especie de "mensaje subliminal" o codificado que no seremos capaces de descifrar en esta vida y que será tarea de Dios el mostrárnoslo en la eternidad futura.

El Dr. Rips descubrió que en el Torá (pentateuco) exactamente cada 50 letras se halla una letra clave que unida a las demás en esa secuencia forma una palabra específica que comunica un mensaje, revela un nombre de un personaje del pasado o de la historia presente/futura o que revela de algún modo lo que ha de acontecer en un futuro. A este hallazgo se lo conoce popularmente ya como Codificación Bíblica. Aunque la codificación bíblica ha sido postulada y estudiada por centurias, el tema se ha popularizado en tiempos modernos por medio al libro escrito por Michael Drosnin, "Código Bíblico" y en la película "El Código Omega".

Se han documentado muchos ejemplos en el pasado. Un citado ejemplo es que al tomar la quincuagésima letra del libro de Génesis comenzando con la primera oración, se deletrea la palabra "torá". Lo mismo sucede en el libro de Éxodo.

‏1 ‏בְּרֵאשִׁית בָּרָא אֱלֹהִים אֵת הַשָּׁמַיִם וְאֵת הָאָרֶץ: וְהָאָרֶץ הָיְתָה תֹהוּ וָבֹהוּ וְחֹשֶׁךְ עַל־פְּנֵי תְהוֹם וְרוּחַ אֱלֹהִים מְרַחֶפֶת עַל־פְּנֵי הַמָּיִם: וַיֹּאמֶר אֱלֹהִים יְהִי־אוֹר וַיְהִי־אוֹר: וַיַּרְא אֱלֹהִים אֶת־הָאוֹר כִּי־טוֹב וַיַּבְדֵּל אֱלֹהִים בֵּין הָאוֹר וּבֵין הַחֹשֶׁךְ: וַיִּקְרָא אֱלֹהִים לָאוֹר

(Genesis 1:1-4. Biblia Hebraica de la edición Kittel (BHK) 1909. Cuatro letras, 50 letras por separado, iniciando con el primer bloque en el primer verso, forma la palabra תורה -Torah)

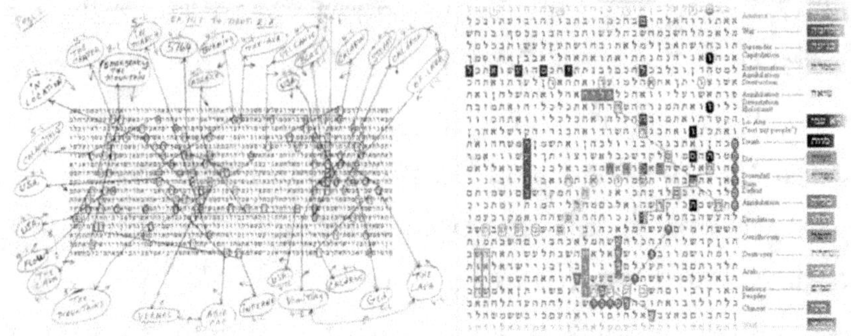

Mi intención no es legitimar esta técnica, sino citarla como prueba de que hay todavía misterios ocultos en la revelación divina que aún no nos son dados a consumir y que a su vez muestran la sabiduría y conspicuo conocimiento de Dios como ser infinito que ha determinado que Su Palabra estará para siempre establecida en los cielos (cf. Salmos 119:89) lo cual implica que en la eternidad seguiremos aprendiendo y siendo instruidos en los desvelados misterios incrustados en Su Palabra, las Sagradas Escrituras.

No me cabe duda, por igual, que aun siguiendo un patrón de lectura uniforme y regido por las reglas gramaticales de dicción, el material apocalíptico-escatológico de donde llegamos a nuestras conclusiones y posturas elaboradas, contienen "misterios" que son los causantes de que no podamos coincidir como comunidad estudiantil teológica y los responsables de que no logremos postular una sola cosmovisión que todos puedan aceptar unánimemente.

Habiendo recalcado mi perspectiva sobre los aspectos lineales y circulares del panorama escatológico, procedo a comunicar mi postura bíblica:

Respecto al Arrebatamiento de la Iglesia:

Mientras que ninguna de las posturas sobre los eventos del porvenir niegan que efectivamente habrá un arrebatamiento en el que los muertos en Cristo resucitarán primero y luego nosotros, los que estemos vivos, seremos levantados juntamente con ellos para recibir al Señor en el aire (I Tes. 4:13-17), hay una marcada diferencia en la interpretación.

Los amilenaristas y premilenaristas históricos, como ya ha sido esbozado en el capítulo y material referente, entienden que este arrebatamiento será simultáneo a la segunda venida en gloria de Jesús; es decir, que la Iglesia es resucitada y transformada para escoltar a Jesús desde las nubes hacia la Tierra para establecer su reino sempiterno. Los premilenaristas dispensacionales entienden, en cambio, que este arrebatamiento se lleva a cabo antes o a mediados de la Gran Tribulación de cuya ira la Iglesia será guardada para ser trasladada a los cielos donde se han de celebrar la Cena de las Bodas del Cordero mientras el Anticristo hace de las suyas en la tierra. En ese sentido el dispensacionalismo clásico considera el arrebatamiento con una 1ra. fase de la segunda venida.

Sobre la promesa inicialmente dirigida a la iglesia de Filadelfia en la que el Santo y Verdadero le asegura que la ha de guardar de la hora de la prueba que ha de venir sobre todo el mundo (Apoc. 3:10), los amilenaristas y posmilenaristas plantean que el guardarla no indica necesariamente que será guardada o protegida en los cielos, sino que el mismo Dios se asegurará de que no será destruida o afectada en el tiempo de la Gran Tribulación.

A pesar de que fui educado bajo el sistema dispensacional, realmente me cuesta aceptar que la segunda venida de Cristo conste de dos fases, aunque por igual me cuesta aceptar que el arrebatamiento se trate tan solo de un escoltar. Me inclino a creer que la Iglesia será levantada en cumplimiento de la promesa de Jesús de ir a preparar moradas para ella y participar de la celebración de las Bodas del Cordero (Apoc. 19:7,9), vestida de lino fino resplandeciente con palmas en las manos alabando a Dios como se describe con lujos de detalles en Apocalipsis

7 y 19, bajo un mecanismo o programa atemporal que dada su naturaleza y a pesar de que supone un evento aislado y con descripción distinta a la segúnda venida en gloria, por consiguiente no es necesario considerarla como una segunda o primera en una serie de venidas.

En ese mismo tenor, no puedo aceptar que la Iglesia sea transformada sin ser transportada a los mismos cielos como objeto de la promesa del Mesías en Juan 14:2-3, solo para recibir al Señor en el aire y que de inmediato pase a una nueva era eterna cuando tenemos revelación paulina de que Jesús regresa con sus santos (I Tes. 3:13) a librar la batalla del Armagedón (Apoc. 16:16). Obviamente si regresa con sus santos (aunque muchos amilenaristas entienden que santos aquí se refiere solo a ángeles – Mat. 16:27; 24:31), es porque vienen desde sus moradas celestiales a derrocar a aquel inicuo (II Tes. 2:9; Isaías 31:4) y a reinar con Cristo a las naciones (Apoc. 5:10; II Tim. 2:12; Apoc. 2:26; 15:4; 19:15).

Se me dificulta aceptar que el arrebatamiento se efectúe antes de la Gran Tribulación porque ello implicaría que los creyentes estarían ausentes de todas las esferas y actividades socio-políticas terrenales, provocando así que los terrícolas dejados atrás estén plenamente conscientes de que la Iglesia redimida desapareció del planeta secuestrada por Dios pero que aun así continúen desarrollando animadversión en rebeldía contra Dios, sometiendose al gobierno del anticristo, blasfemando y desafiando a Dios y aceptando la marca de la Bestia (cf. Apoc. 13:16-17; 14:11; 15:2; 16:2; 19:20; 20:4), mientras proclaman paz y seguridad (I Tes. 5:3). Me es lógico pensar que si así fuese a suceder, todos los seres humanos, cual centurión frente a la cruz, admitirían que "verdaderamente Éste era el Hijo de Dios" y de ese modo se resistirían masivamente al dominio y subyugación del Anticristo por considerarlo un descarado impostor de modo que no pudiera desarrollar su agenda usurpadora.

La frase "como ladrón en la noche" citadas tanto por Pablo (I Tes. 5:2) como por Pedro (II Ped. 3:10) no presupone que habrá un rapto secreto inminente que sorprenderá a la humanidad pero que no logrará interrumpir o posponer toda actividad aún bajo evidente y difícil de superar estado de shock ante tal fenómeno galáctico. La frase más bien indica que así como ni el Hijo del Hombre sabe el día ni la hora cuando se materializará la segunda venida, (Mateo 25:13) y mientras estén sumidos y concentrados en sus placeres y deleites terrenales, cuando digan "paz y seguridad" entonces vendrá sobre ellos destrucción repentina. Es decir, se refiere a la cadena de sucesos relacionados con el fin que van desde el principio de dolores y señales pre-venida hasta la creación de cielos nuevos y tierra nueva. Cuando se refiere a las mujeres que estarán moliendo y apuntando que una será tomada y otra será dejada (Mat. 24:41; Luc. 17:35), tampoco está hablando del arrebatamiento al cual se refiere Pablo. Nada indica, ni siquiera en su contexto inmediato, que Jesús estuviese describiendo un arrebatamiento como evento aislado y previo como pre-lanzamiento y anticipo de Su venida en gloria.

Otro texto interesante que parece conectar el arrebatamiento con la segunda venida en gloria de Jesús lo es II Tesalonicenses 2:1. Pablo aquí conecta la venida de nuestro Señor Jesucristo con nuestra "reunión" con él. Reunión aquí (Gr. ἐπισυναγωγή) significa recogimiento, de modo que no se trata de un mero encuentro con él sino del acto mismo de congregar o aglutinar. Es evidente que cuando Pablo menciona la segunda venida en gloria, de acuerdo al contexto (específicamente el verso 3), no se refiere a un pre-descenso sino a su venida oficial cuando afir-mará sus pies sobre el Monte Sion (Zac. 14:4). Pablo enfatiza claramente que "no vendrá" sin que antes se

manifieste el hombre de pecado en la Gran Tribulación, por lo tanto si estuviese refiriéndose al arrebatamiento como un acontecimiento aislado, tendríamos que llegar a la conclusión de que el arrebatamiento es definitivamente postribulacional, y que
ambos eventos ocurren al final de la Gran Tribulación de forma paralela ya que Pablo le llama "el día
del Señor" (vv. 2).

No obstante, ya hemos señalado que el Día del
Señor (Cf. Is. 2:12; 13:6, 9; Ezeq. 13:5; 30:3; Joel
1:15; 2:1, 11; Amós 5:18, 20; Abdías 1:15; Sof. 1:7, 14;
Zac. 14:1; Mal. 4:5; Hch. 2:20; I Cor. 5:5; II Cor.
1:14; I Tes. 5:2; II Ped. 3:10;) es una agenda, una
serie de eventos escatológicos (no un lapso de 24
horas) y por ende tal "día" no se limita a un solo
evento en particular como lo sería el arrebatamiento
o la segunda venida de Cristo en gloria, entonces
Pablo pudo haber estado refiriéndose al día (período) que inicia cuando nos reunamos con él en las
nubes, reclamemos las moradas celestiales, participe-
mos de las Bodas, comparezcamos ante el Tribunal
de Cristo (Rom. 14:10; II Cor. 5:10) y regresemos
con Él a la tierra a librar la madre de todas las
batallas.

Interesante es de todos modos notar la aparente diferencia en el material bíblico referente a la segunda venida de Cristo cuando se lo compara con el lenguaje y detalles propios del arrebatamiento de la Iglesia. A continuación un ejercicio comparativo de tales diferencias:

1) En el arrebatamiento Cristo viene por Su Iglesia (Juan 14:1-3; I Tes. 4:14-17). En la 2da. venida Cristo viene con su Iglesia (Zac. 14:5; Judas 14; Apoc. 19:14)

2) En el arrebatamiento los creyentes se encuentran con Él en al aire (I Tes. 4:13-18). En la 2da. venida Jesucristo toca la tierra (Zac. 14:4; Apoc. 19:11-21)

3) En el arrebatamiento los creyentes son tomados primero, los inconversos dejados (I Tes. 4:13-18). En la 2da. venida los inicuos son tomados primero y los justos (Santos de la Tribulación) son dejados (Mat. 13:28-30)

4) PROPÓSITO DEL ARREBATAMIENTO: Presentar la Iglesia a Sí mismo y al Padre (II Cor. 11:2; Apoc. 19:6-9,40.

PROPÓSITO DE LA 2DA. VENIDA: Infligir juicio sobre la Tierra y establecer Su Reino (Judas 14-15; Apoc. 19:11-21; Zac. 14:3-4)

5) En el arrebatamiento: BODAS: Las bodas del Cordero en los Cielos luego del Rapto. En la 2da. venida: GUERRA: Las bodas son seguidas por batalla en la Tierra y la 2da. Venida.

6) El arrebatamiento sucede en un instante, en un abrir y cerrar de ojos (I Cor. 15:52). La 2da. venida es observable (Zac. 12:10; Mat. 24:30; Apoc. 1:7)

7) En el arrebatamiento: Sólo los creyentes Lo verán (I Jn. 3:2; I Cor. 15:52). En la 2da. venida: Todo ojo le verá (Apoc. 1:7)

8) En el arrebatamiento Jesús desciende con un grito [para provocar la resurrección] (I Tes. 4:16). En la 2da. venida no se menciona grito alguno (Apoc. 19:11-21)

9) En el arrebatamiento ocurre una resurrección (I Tes. 4:13-18; I Cor. 15:51-54). En la 2da.

venida no se menciona resurrección alguna
(Apoc. 1:7, 19:11-21; Zac. 12:10, 14:4-5)

10)   El arrebatamiento es inminente (Apoc.
3:3; I Tes. 5:4-6). La 2da. venida ocurre al
final de los 7 años de Tribulación (Dan. 9:24-
27; Mat. 24:29-30; II Tes. 2:3-8)

11)   En el arrebatamiento no se envían ángeles
para juntar (los resucitados no necesitan ayuda
de ángeles). En la 2da. venida son enviados
ángeles a juntar a la gente para juicio (Mat.
13:39,41,49; 24:31; 25:31; II Tes. 1:7-10)

12)   En el arrebatamiento los espíritus de los
muertos en Cristo retornan con Jesús para
recibir sus cuerpos resucitados (I Tes. 4:14-16).
En la 2da. venida los creyentes retornan con
Jesús en cuerpos ya resucitados cabalgando en
caballos blancos (Apoc. 19:11-21)

13)   En el arrebatamiento Jesús no retorna en
un caballo blanco (Hechos 1:11). En la 2da.
venida Él retorna en un caballo blanco (Apoc.
19:11)

14)   El arrebatamiento sólo es para la Iglesia
[los que están en Cristo] (I Tes. 4:14-17). La
2da. venida es para Israel & Gentiles redimidos
(Rom. 11:25-27; Mat. 25:31-46)

15)   En el arrebatamiento tenemos un
mensaje de esperanza y sosiego (I Tes. 4:18;
Tito 2:13; I Jn. 3:3). En la 2da. venida tenemos
un mensaje de juicio (Joel 3:12-16; Apoc. 19:11-
21; Mal. 4:5)

Respecto a las resurrecciones:

Juan 5:29 – *"y los que hicieron lo bueno, saldrán a resurrección de vida; mas los que hicieron lo malo, a resurrección de condenación."*

Insisto en que no es posible y a la vez contra la corriente (registro revelado) fundir ambas resurrecciones porque de así serlo no habría explicación para una Cena de Bodas del Cordero en donde una multitud de todo pueblo, lengua y nación alaba al Cordero con palmas en las manos, vestidos de lino fino resplandeciente y quienes aclaman "Nos has redimido" (es decir, que se trata de la Iglesia).

No es posible tampoco ubicar esta multitud en otro lugar que no sea los cielos porque Jesús prometió que trasladaría Su Iglesia (Juan 14:1-2). El arrebatamiento visualizado como una simple escolta de recibimiento del Mesías en las nubes para descender permanentemente sin visita/ascenso al cielo, es una conclusión forzosa y construida para acotejar el punto de vista amilenarista ya que la Escritura no lo sugiere ni lo indican así.

Esta postura priva y exime a la Iglesia de una promesa celestial y descarta de plano que al evangelizar podamos sin titubeos indicarle al evangeliza-do que al ser salvo tiene entrada garantizada al cielo después de la muerte.

El hecho por igual de que Pablo indique que los muertos en Cristo resucitarán primero y únicamente para escoltar a Jesús no tiene sentido porque si así fuese, luego nosotros los que vivimos, tendríamos que ser arrebatados no sé cuántas horas después para recibir al Señor en el aire luego de que los muertos lo hayan recibido y se entretengan por un par de horas no sé haciendo qué en lo que nosotros esperamos nuestro turno.

En relación a los muertos y su resurrección Dwight Pentecost señala:

"Por cuanto la primera resurrección se efectúa antes que comience el reinado de mil años (Ap.

20:5), "los muertos" a que se refiere Apocalipsis 20:11, 12 sólo pueden ser aquellos que se quedaron atrás en la resurrección de entre los muertos y son aquellos que serán levantados para condenación eterna. No es la cronología la que determina quiénes están incluidos en la segunda resurrección, sino más bien el destino de los resucitado."[26]

RESPECTO A LA GRAN MULTITUD EN LOS CIELOS:

Apoc. 7:9-17

Después de esto miré, y he aquí una gran multitud, la cual nadie podía contar, de todas naciones y tribus y pueblos y lenguas, que estaban delante del trono y en la presencia del Cordero, vestidos de ropas blancas, y con palmas en las manos; (10) y clamaban a gran voz, diciendo: La salvación pertenece a nuestro Dios que está sentado en el trono, y al Cordero. (11) Y todos los ángeles estaban en pie alrededor del trono, y de los ancianos y de los cuatro seres vivientes; y se postraron sobre sus rostros delante del trono, y adoraron a Dios, (12) diciendo: Amén. La bendición y la gloria y la sabiduría y la acción de gracias y la honra y el poder y la fortaleza, sean a nuestro Dios por los siglos de los siglos. Amén. (13) Entonces uno de los ancianos habló, diciéndome: ***Estos que están vestidos de ropas blancas, ¿quiénes son, y de dónde han venido?*** (14) Yo le dije: Señor, tú lo sabes. Y él me dijo: ***Estos son los que han salido de la gran tribulación***, y han lavado sus ropas, y

las han emblanquecido en la sangre del Cordero. (15) Por esto están delante del trono de
Dios, y le sirven día y noche en su templo; y el
que está sentado sobre el trono extenderá su
tabernáculo sobre ellos. (16) Ya no tendrán
hambre ni sed, y el sol no caerá más sobre
ellos, ni calor alguno; (17) porque el Cordero
que está en medio del trono los pastoreará, y
los guiará a fuentes de aguas de vida; y Dios
enjugará toda lágrima de los ojos de ellos.

Apoc. 19:1-8

(1) Después de esto oí una gran voz de gran
multitud en el cielo, que decía: ¡Aleluya!
Salvación y honra y gloria y poder son del
Señor Dios nuestro; (2) porque sus juicios son
verdaderos y justos; pues ha juzgado a la gran
ramera que ha corrompido a la tierra con su
fornicación, y ha vengado la sangre de sus
siervos de la mano de ella. (3) Otra vez
dijeron: ¡Aleluya! Y el humo de ella sube por
los siglos de los siglos. (4) Y los veinticuatro
ancianos y los cuatro seres vivientes se postraron en tierra y adoraron a Dios, que estaba
sentado en el trono, y decían: ¡Amén! ¡Aleluya!
(5) Y salió del trono una voz que decía: Alabad
a nuestro Dios todos sus siervos, y los que le
teméis, así pequeños como grandes. (6) Y oí
como la voz de una gran multitud, como el
estruendo de muchas aguas, y como la voz de
grandes truenos, que decía: ¡Aleluya, porque el
Señor nuestro Dios Todopoderoso reina! (7)
Gocémonos y alegrémonos y démosle gloria;
porque **han llegado las bodas del Cordero,**

y su esposa se ha preparado. (8) Y a ella se le ha concedido que se vista de lino fino, limpio y resplandeciente; porque el lino fino es las acciones justas de los santos.

Ejercitado en el estudio y análisis continuo de la postura amilenial y postmilenial, admito que los argumentos usados para plantear un arrebatamiento paralelo a la segunda venida de Cristo y una sola resurrección de creyentes e impíos en el mismo instante, no son descabellados; no se desprenden de una exégesis irresponsable (excepto en los casos en los que se aprecia una alta dosis de simbolismo) que se haga relativamente fácil refutar, no obstante lo que sí he notado a lo largo de los años es que escasea el material, entre los eruditos y más prominentes escritores de estas posturas, que ofrezca una explicación detallada y honesta sobre las escenas que el apóstol Juan describe en los cielos en los que observamos una multitud de toda tribu, pueblo y nación (Apoc. 7:9) adorando junto a los 24 Ancianos y los 4 seres vivientes. Parecería ser como que decidieran ignorarlas o pasarlas por alto adrede. Sin duda alguna se convierte en el "talón de Aquiles" (debilidad) de los que sustentan estos puntos de vistas escatológicos, porque todo el programa que se plantea, aunque siempre basado en textos específicos que parecen combinar varios eventos en un solo bloque, primero obvian el Principio de Doble Referencia e Intervalos, y segundo fallan en ofrecer una explicación del cuándo la Iglesia protagoniza junto al Cordero las escenas que Juan describe en Apocalipsis 19:1-8 que se llevan a cabo en los cielos. En otras palabras, si el arrebatamiento y el día de Jesucristo (I Cor. 1:7-8; II Ped. 3:12) son simultáneos, y si habrá una sola resurrección futura, a la final trompeta, cuando los elementos ardiendo serán desechos, y si estos están estrechamente conectados todos con el fin para dar paso a la nueva era y reino eterno, como efectivamente coinciden sus más prominentes proponentes, ¿en qué momento es trasladada la Iglesia a los cielos? ¿Dónde y cuándo se celebran las Bodas del Cordero? ¿Cuándo se la nota con vestiduras blancas y palmas en las manos? ¿Quiénes son representados en la multitud de toda tribu, lengua y nación de la cual Juan describe que han lavado sus ropas, y las han emblanquecido en la sangre del Cordero (vv. 14)? ¿Cuándo cumple Jesús Su promesa de ir a preparar lugar para sus discípulos y tomarles para Sí mismo? ¿Será que estos pasajes también son concomitantemente simbólicos y no representarán una realidad describible?

Respecto a la literalidad del Reino Milenial:

Isaías 24:23 – Entonces la luna se abochornará y el sol se avergonzará porque el SEÑOR de los ejércitos reinará en el monte Sion y en Jerusalén, y delante de sus ancianos estará su gloria.

Abdías 1:17 – Pero en el monte Sion quedará un remanente, y será lugar santo, y la casa de Jacob volverá a tomar sus posesiones.

Zacarías 14:16-21 – Y todos los que sobrevivieren de las naciones que vinieron contra Jerusalén, subirán de año en año para adorar al Rey, a Jehová de los ejércitos, y a celebrar la fiesta de los tabernáculos. (17) Y acontecerá que los de las familias de la tierra que no subieren a Jerusalén para adorar al Rey, Jehová de los ejércitos, no vendrá sobre ellos lluvia. (18) Y si la familia de Egipto no subiere y no viniere, sobre ellos no habrá lluvia; vendrá la plaga con que Jehová herirá las naciones que no subieren a celebrar la fiesta de los tabernáculos. (19) Esta será la pena del pecado de Egipto, y del pecado de todas las naciones que no subieren para celebrar la fiesta de los tabernáculos. (20) En aquel día estará grabado sobre las campanillas de los caballos: SANTIDAD A JEHOVÁ; y las ollas de la casa de Jehová serán como los tazones del altar. (21) Y toda olla en Jerusalén y Judá

será consagrada a Jehová de los ejércitos; y
todos los que sacrificaren vendrán y tomarán
de ellas, y cocerán en ellas; y no habrá en
aquel día más mercader en la casa de Jehová
de los ejércitos.

Isaías 49:6 – dice: Poco es para mí que tú seas
mi siervo para levantar las tribus de Jacob, y
para que restaures el remanente de Israel;
también te di por luz de las naciones, para que
seas mi salvación hasta lo postrero de la tierra.

Jeremías 3:17 – En aquel tiempo llamarán a
Jerusalén: Trono de Jehová, y todas las
naciones vendrán a ella en el nombre de
Jehová en Jerusalén; ni andarán más tras la
dureza de su malvado corazón.

Jeremías 29:14 – Y seré hallado por vosotros,
dice Jehová, y haré volver vuestra cautividad,
y os reuniré de todas las naciones y de todos
los lugares adonde os arrojé, dice Jehová; y os
haré volver al lugar de donde os hice llevar.

Apocalipsis 19:15 – De su boca sale una
espada aguda, para herir con ella a las
naciones, y él las regirá con vara de hierro; y
él pisa el lagar del vino del furor y de la ira del
Dios Todopoderoso.

Apocalipsis 20:1-6 – Vi a un ángel que des-
cendía del cielo, con la llave del abismo, y una

gran cadena en la mano. (2) Y prendió al dragón, la serpiente antigua, que es el diablo y Satanás, y lo ató por mil años; (3) y lo arrojó al abismo, y lo encerró, y puso su sello sobre él, para que no engañase más a las naciones, hasta que fuesen cumplidos mil años; y después de esto debe ser desatado por un poco de tiempo. (4) Y vi tronos, y se sentaron sobre ellos los que recibieron facultad de juzgar; y vi las almas de los decapitados por causa del testimonio de Jesús y por la palabra de Dios, los que no habían adorado a la bestia ni a su imagen, y que no recibieron la marca en sus frentes ni en sus manos; y vivieron y reinaron con Cristo mil años. (5) Pero los otros muertos no volvieron a vivir hasta que se cumplieron mil años. Esta es la primera resurrección. (6) Bienaventurado y santo el que tiene parte en la primera resurrección; la segunda muerte no tiene potestad sobre éstos, sino que serán sacerdotes de Dios y de Cristo, y reinarán con él mil años.

Ciertísimamente estos textos se convierten en el mayor reto para cualquier analista que se apegue a la interpretación gramático-histórico-literal-contextual de las Escrituras. Estas descripciones no excluyen un evidente lenguaje simbólico dentro de los detalles literales, pero ello no significa que por igual los obvios detalles literales tengan que ser sacrificados e ignorados cuando aplicamos las reglas universales de interpretación.

Apocalipsis 20:1-6 constituye el texto áureo sobre el cual todo premilenarista descansa y desde donde parte la postura y cosmovisión de un reino milenial. Ciertamente se trata de un pasaje aislado sin paralelo en ninguna otra fuente escritural ya que sus detalles específicos no son confirmados ni repetidos ni siquiera en el libro de Daniel que es el material profético más compatible con el Apocalipsis. Ello constituye un problema, sin duda alguna, para los exégetas premilenaristas ya que rompe una de las reglas más elementales de la hermenéutica bíblica que dictamina que nunca se debe establecer doctrina basados en un solo pasaje aislado que no tenga paralelo o confirmación por otro pasaje, de modo que para el premilenarista ésta necesariamente se trata de una aparente excepción. No obstante y a pesar de que estamos frente a un insólito pasaje con revelación exclusiva, el hecho de que tenemos pasajes como los ya citados en esta sección, y en particular Zacarías 14:16-21, nos lleva a la conclusión de que no se trata de una supuesta excepción radical y arbitraria, sino que la revelación milenial haya respaldo y asidero en el espíritu profético de los autores veterotestamentarios que se refirieron a un reino terrenal futuro, ya sea por inducción o deducción.

Respecto a la interpretación de este pasaje, el Dr. John MacArthur argumenta:

> "Este Reino Milenial descrito en Apocalipsis 20 se extenderá por mil años. Seis veces en los versos introductorios recalca que durará mil años. No es un error. No es un número simbólico. Significa exactamente mil años. De modo que allí leemos sobre el Reino que existirá en la tierra por medio del cual el mismo Jesucristo gobernará como Rey de reyes y Señor de señores por mil años, seguido luego de Su reino eterno, de modo que Su Reino es realmente un Reino eterno."[27]

En una línea similar de pensamiento el erudito George Eldon Ladd refuta la enseñanza de que Apocalipsis 20:1-15 es una recapitulación de los acontecimientos ocurridos con anterioridad en el libro por lo cual afirma:

> "En el capítulo 12 es absolutamente claro que el pasaje mira atrás al nacimiento del Mesías. Sin embargo, en el presente pasaje no aparece semejante indicio. Por el contrario, los capítulos 18-20 evidencian presentar una serie de visiones conectadas. El capítulo 18 relata la destrucción de Babilonia; el capítulo 19 la

destrucción de la Bestia y el Falso Profeta y el capítulo 20 habla de la destrucción del mismo Satanás – una destrucción efectuada en dos etapas". [28]

RESPECTO A LOS CIELOS NUEVOS & TIERRA NUEVA Y REINO SEMPITERNO:

Grudem, Wayne señala en su Teología Sistemática: Introducción a la doctrina bíblica:

> Viviremos eternamente con Dios en unos nuevos cielos y una nueva tierra, tras el juicio final, los creyentes entrarán al pleno gozo de la vida en la presencia de Dios para siempre. Jesús nos dirá: «Vengan ustedes, a quienes mi Padre ha bendecido; reciban su herencia, el reino preparado para ustedes desde la creación del mundo» (Mt 25: 34). Entraremos a un reino donde «ya no habrá maldición. El trono de Dios y del Cordero estará en la ciudad. Sus siervos lo adorarán» (Ap. 22: 3).
>
> Al referirse a este lugar, los cristianos frecuentemente hablan de vivir con Dios «en el cielo» para siempre. Pero de hecho la enseñanza bíblica es mucho más rica que esto: nos dice que habrá nuevos cielos y una nueva tierra—una creación enteramente renovada— y viviremos con Dios allí.

El Señor promete a través de Isaías: «Presten atención, que estoy por crear un cielo nuevo y una tierra nueva. No volverán a mencionarse las cosas pasadas » (Is. 65: 17), y habla de «el cielo nuevo y la nueva tierra que yo haré» (Is. 66: 22). Pedro dice: «Según su promesa, esperamos un cielo nuevo y una tierra nueva, en los que habite la justicia» (2 Ped. 3: 13). En la visión de Juan de los eventos que siguen el juicio final, él dice: «Después vi un cielo nuevo y una tierra nueva, porque el primer cielo y la primera tierra habían dejado de existir» (Ap. 21: 1). Continúa para decirnos que también habrá un nuevo tipo de unificación del cielo y la tierra, pues ve la ciudad santa, la «nueva Jerusalén bajando del cielo, procedente de Dios» (Ap. 21: 2), y escucha una voz que proclama: «¡Aquí, entre los seres humanos, está la morada de Dios! El acampará en medio de ellos, y ellos serán su pueblo; Dios mismo estará con ellos, y será su Dios!» (v. 3). De manera que habrá una unión del cielo y la tierra en esta nueva creación, y allí viviremos con Dios. [29]

El afamado teólogo Thomas Schereiner, en un sermón basado en Apocalipsis 20:1-15, declaró que en su posición sobre el milenio decidió moverse de amilenial a premilenial como resultado de su estudio del pasaje. Schreiner demuestra en dicho sermón cómo logró observar el significado llano del texto y descubrió que las posiciones postmilenarista y amilenarista son fallidas en términos de su habilidad de manejar el argumento del Apocalipsis así como la teología del Nuevo Testamento respecto a Satanás siendo atado y la enseñanza bíblica de la resurrección. [30]

CAPÍTULO XIII:

CONCLUSIÓN

Abordar y pretender cubrir todo el material bíblico escatológico, como canta un dicho popular, es meterse en camisa de once varas. Aun consciente de ello y en base a mi pasión por el tema, decidí seleccionar este campo, por un lado, como reto a mí mismo que me obligase a indagar diligentemente sobre los detalles en particular y por otro lado, con la intención de crecer personalmente al abandonar mis prejuicios e ideas preconcebidas para abocarme a un análisis justo, evitando el sesgo en el cual muchas veces caemos cuando se trata de atacar y hacer apología contra una postura determinada que dista de la nuestra ya que como decía un profesor de teología bíblica, caricaturizamos las posturas contrarias a las nuestras, y como las vemos distorsionadas desde nuestra lente, somos incapaces de entenderlas.

Me apasiona todo estudio sobre los eventos futuros y apocalípticos por razones obvias. Lo concibo como mi mayor esperanza de gloria que me motiva a vivir una vida a la altura y demandas de una revelación que anticipa las glorias venideras y las preciosas y grandísimas promesas que nuestro Dios y Justo Juez ha de cumplir a Sus hijos; y a su vez me infunde aliento antes las tribulaciones y vicisitudes presentes al saber que ello es temporal y efímero en comparación con un futuro glorioso donde disfrutaremos de un reino sempiterno donde ya no habrá más llanto, dolor ni achaque alguno. (Romanos 8:18; II Pedro 1:4; Colosenses 1:27; I Juan 3:3).

Para este propósito, pude haber seleccionado otro tema menos escabroso o menos complejo, sobre todo porque hay decenas de temas mucho más simples, menos elaborados y menos controversiales, sin embargo siendo consecuente con el grado académico que requiere un mayor nivel de análisis e investigación, he tenido a bien emprender la tarea de sondear estos mares escatológicos entendiendo que aporto mi grano de arena y contribuyo con la causa teológica que procura despejar dudas, aclarar lo nebuloso y edificar al Pueblo de Dios en su búsqueda por la verdad y nada más que la verdad a pesar de la naturaleza y dificultades propias del tema abordado.

Nuevamente, mi oración es que sea este libro un raudal de bendición para todo lector y estudiante de las Escrituras que procura un conocimiento más amplio del tema y que contribuya a despejar cualquier cuestionamiento o duda anidada respecto al *ordo es-*

chaton como se sugiere en esta obra, no sin antes reconocer que las cosas secretas pertenecen al Señor y las reveladas para nosotros y para nuestros hijos (Deuteronomio 29:29).

BIBLIOGRAFÍA

1. Pag. 11 – Fuente: http://www.centrorey.org/apologetica_02.html
2. Pág. 12 – Fuente: http://solagraciasolafesolaescritura.blogspot.com
3. Pág. 14 – Fuente: http://evidenceforchristianity.org
4. Pág. 17 – Fuente: http://www.icwseminary.org
5. Pág. 24 – Fuente: Foro Bíblico Sola Scriptura (Josías Estepan Gil)
6. Pág. 30 – John MacArthur – Homilía: Por qué todo calvinista debería ser premilenarista
7. Pág. 45 – Fuente: Josef Urban
8. Pág. 47 – Justino Mártir. (2004). *Lo mejor de Justino Mártir*. (A. Ropero, Ed.) (pp. 315–316). Terrassa: Editorial CLIE
9. Pág. 48 – Michael Horton. The Christian Faith. pp. 927
10. Págs. 58-63 – Fuente: Desconocida. Dominio público.
11. Pág. 64 – Fuente: hllps://es.wikipedia.org
12. Pág. 64-65 – R.C. Sproul. Cátedra estudiantil.
13. Págs. 66-68 – John MacArthur – Homilía: Por qué todo calvinista debería ser premilenarista.
14. Págs. 69-75 – Rafael Alcántara. Artículo escrito para Coalición Del Evangelio.
15. Pág. 75 – Jorge Trujillo. http://www.vidaeterna.org

16. Págs. 75-78 – José Grau – *Escatología*. Lección 14.
17. Págs. 78-80 – Josías Estepan Gil. Foro Bíblico Sola Scriptura
18. Pág. 80 -- George Elton Ladd. Un Comentario Sobre La Revelación De Juan
19. & 20. Pág. 81 – Nathan Díaz. https://www.youtube.com/watch?v=Pc0u8Cve GJs
21. Págs. 81-82 – Jorge Trujillo. http://www.vidaeterna.org
22. Págs. 93-95 – https://es.wikipedia.org
23. Págs. 94-105 - https://es.wikipedia.org
24. Pág. 105 – D.A. Carson. Falacias Exegélicas. ©2013 por Editorial Clie.
25. Págs. 127-129 – Dwight Pentecost. Things to come. Pp. 46-47
26. Pág. 142-143 – Dwight Pentecost. –Eventos del Porvenir. Pp. 303.
27. Pág. 151 – Dr. John MacArthur. Sermon on The Future of Israel.
28. Pág. 151-152 – George Eldon Ladd. A Commentary on the Revelation. P. 261
29. Págs. 152-153 – Grudem Wayne. Teología Sistemática: Introducción a la doctrina bíblica
30. Pág. 154 – Fuente: https://ntdan.wordpress.com/2009/07/14/thomas-schreiner-moves-to-premill-view-of-rev-20

Libros de la Autoría de Juan José Binet

- ❖ La Iglesia de Cristo: Una Reflexión
  - ○ (www.amazon.com/dp/B09TYX4HVD)

- ❖ Almanaque de 365 Consejos & Cuñas Alrededor del Reloj de la Vida
  - ○ (www.amazon.com/dp/B09RBLJRG7)

- ❖ Almanac of 365 Tips & Thoughts Around the Clock of Life
  - ○ (www.amazon.com/dp/B09QP699GQ)

- ❖ Almanaque De 365 Dicas e Diretrizes Em Torno Do Relógio Da Vida
  - ○ (www.amazon.com/dp/B0BZ6MNCNZ)

- ❖ Premilenarismo Vs. Amilenarismo
  - ○ (www.amazon.com/dp/B09RV17KF6)

- ❖ Colección de Bosquejos Homiléticos, Disertaciones & Composiciones Musicales
  - ○ (www.amazon.com/dp/B09TMN91RJ)

- ❖ Compendium of Articles, Series, Poems & Dramas
  - ○ (www.amazon.com/dp/B0CVFZTZ97)

- ❖ Compendio de Artículos, Series, Poemas & Historietas
  - ○ (www.amazon.com/dp/B09RLY9LJF)

- ❖ Partituras Melódicas de mi Propia Inspiración
  - ○ (www.amazon.com/dp/B0CWXXCXWB)

- ❖ Crítica Textual Del Nuevo Testamento
  - ○ (www.amazon.com/dp/B0CJ485Q1K)

- ❖ Sermones, Cursos, Citas & Conferencias: Powerpoint
  - ○ (www.amazon.com/dp/B0D4L8PZG6)

- ❖ Salterio de Alabanzas Clásicas & Contemporáneas
  - ○ (www.amazon.com/dp/B0D6R1J2DK)